親子遊戲治療

Filial Therapy: Strengthening Parent-Child Relationships Through Play

透過遊戲增進親子關係

Risë VanFleet ◎著　　自然就好心理諮商所◎策劃

陳信昭◎校閱　　陳信昭、陳碧玲◎譯

諮商心理師 陳聰興、蔡美香 ｜ 兒童精神科醫師 李秋月、林健禾 ｜ 小兒科醫師 王仁水、余約瑟

—————————— 共同推薦 ——————————

Filial Therapy

Strengthening Parent-Child Relationships Through Play

Third Edition

Risë VanFleet

目次　Contents

i

作者簡介

Risë VanFleet

　　Risë Vanfleet 是位於美國賓州 Boiling Springs 的家庭促進與遊戲治療中心創始人及總裁,該中心的專長是兒童、家庭和遊戲治療專業的訓練及督導。她是賓州有執照的心理師,也是一位註冊遊戲治療師暨督導者以及有證照的犬類行為諮詢師。她曾擔任過遊戲治療學會的理事長及委員會主席。她的專長在家庭關係的強化,次專長是慢性疾病、災難心理衛生、兒童／家庭創傷及依戀,以及動物輔助遊戲治療。作為一位國際知名的講者、教師及作家,她在社區心理衛生、健康照護、教育及獨立的實務機構中擁有 40 年的臨床、督導及帶領經驗。她已經訓練和督導過數千位臨床工作者,而且有超過 60 個國家的專業人員及家庭使用過她的教材。

陳信昭

學歷：台北醫學大學醫學系畢業

現職：殷建智精神科診所主治醫師
自然就好心理諮商所創辦人
台南市立醫院精神科兼任主治醫師
台灣心理劇學會認證導演暨訓練師
國際哲卡‧莫雷諾心理劇機構導演暨訓練師
美國心理劇、社會計量與團體心理治療考試委員會認證訓練師
中華團體心理治療學會認證督導
教育部學生輔導諮商中心台南一區諮詢服務中心顧問醫師
社團法人台灣心陽光協會理事長

經歷：台灣心理劇學會創會理事長
中華團體心理治療學會理事
成大醫院兒童青少年精神科主任
台灣遊戲治療學會理事
台灣兒童青少年精神醫學會監事

專長：兒童及青少年精神疾病之診斷與治療、心理劇實務、訓練及督
導、遊戲治療／沙盤治療

陳信昭

見校閱者簡介

陳碧玲

學歷：國立彰化師範大學諮商與輔導研究所碩士

現職：自然就好心理諮商所總監
國際沙遊治療學會認證沙遊治療師

專長：沙遊治療、遊戲治療、心理創傷後之心理諮商、
中年婦女心理諮商

序言

很榮幸被邀請來為 Risë VanFleet 廣為人知的《親子遊戲治療》這本書（原文書）第三版寫序。在美國的 Guerney 模式親子遊戲治療教育及出版領域裡，VanFleet 博士是一位領導級的人物。

作者擴充並強化了之前已經很棒的版本。值得一提的是「理論整合」那個修改段落，其中列出了親子遊戲治療這個複雜方法的七種理論來源。她也清楚說明了心理教育模式，而親子遊戲治療是最早提出此模式的治療型式之一。作者將親子遊戲治療的許多面向都寫得淺顯易懂，並且運用案例來說明重點。

這本書適合第一次接觸、或者想要更熟練該方法的專業人員閱讀。當然，要能夠真正精通，也應該接受訓練及督導。

VanFleet 博士的焦點是放在親子遊戲治療運用於個別家庭。此外，她也說明了如何改編此模式來應用於特殊臨床議題的兒童與家庭。她強調若要獲得最佳效果，必須盡可能與最多的家庭成員一起努力──包括手足。

不管是親子遊戲治療新手或有經驗者，治療師都會在這裡發現別處沒有的觸動心弦之處。若治療師想要尋找一種對家庭有效率且有成效的方法，我絕不藏私地推薦這本書。VanFleet 博士寫出令人信服的原理，同時詳細描述如何在臨床或教育情境中將這個模式應用於治療性或預防性方案裡。在這本不太厚的書中，VanFleet 博士

親子遊戲治療

(透過遊戲增進親子關係)

提到了親子遊戲治療師該知道的所有必備訊息。

Louise Guerney 博士

賓州州立大學榮譽教授

North Bethesda, MD

　　我們最早運用玩具與遊戲接觸個案是十幾年前在台南師範學院（現台南大學）兒童諮商中心從事兒童諮商工作的時候，當時中心有一間大遊戲室擺放著各式各樣的玩具。個案們都很喜歡接觸玩具，有的還相當著迷，甚至時間到了還捨不得離開，而也因為有了玩具，我們跟個案之間的關係似乎更容易建立。

　　1999 年底信昭剛好有一筆經費可以用來更新他所任職的成大醫院兒童青少年精神科的兩間遊戲治療室，於是我們開始汰換那些被蹂躪多年的玩具，並且將兩個房間分別規劃成遊戲治療室和沙盤治療室。碧玲負責玩具和迷你物件的採購工作，時常看她大包小包拿著回家，細數著一天的戰果，臉上流露出天真的滿足。等到兩間治療室裝備得差不多的時候，裡面景觀煥然一新，兒童心理治療的環境與硬體獲得大大的改善。當精神科住院醫師輪到兒童精神科訓練的時候，即使對遊戲或沙盤治療並不熟悉，他們也願意開始投入跟兒童個案的遊玩之中，並且驚訝於「遊戲」也能帶來如此好的效果。諮商與輔導研究所的研究生到兒童青少年精神科來實習時，這兩間遊戲室也正是最頻繁運用的空間。

　　2004 年成大醫院兒童青少年精神科門診遷移到醫院正對面的一棟整建後的四層樓房中的二樓，其中規劃出診間、測驗室、團體治療室、家庭治療室、遊戲治療室以及沙盤治療室，整體的兒童治療空間及設施大為完善，提供給住院醫師、諮商與輔導研究所碩博

親子遊戲治療
透過遊戲增進親子關係

士班研究生、行為醫學研究所碩博士班研究生更為完整且多樣化的學習場域。成大醫院門診新大樓啟用之後，兒童青少年精神科門診也搬遷到該大樓，原本完整的空間規劃完全變樣，至為可惜。

2006 年信昭離開任職將近 17 年的成大醫院，選擇到精神科診所服務，並且設立心理工作室從事心理諮商或治療實務、督導工作，以及心理劇團體。在從事心理治療實務及督導工作中，遊戲、沙盤及角色扮演都是經常運用到的方式。

碧玲在台南大學任教 25 年，最常教授的課程就是遊戲治療、沙遊治療，以及兒童青少年諮商輔導等方面的課程。最近幾年來，碧玲全心投入沙遊工作中，不但走過了自己的沙遊治療體驗，也參加了讀書會、個別督導、團體督導，還曾一年內二度前往美國加州參加各為期 2 週的榮格取向沙遊治療工作坊，以及會後的個別督導。第二次到加州參加工作坊的時間距離我們家大兒子參加基測的時間只有一個多月，由此可知碧玲在學習沙遊治療方面的強烈決心。還好我們家老大如願考上他的第一志願台南二中美術班，也順利在去年 6 月畢業，並且考上台藝大美術系。

莫拉克颱風期間剛好是碧玲留職停薪一年的期間中，她之前任教的台南大學輔諮系認輔了那瑪夏三民國中（災後借用普門中學校舍上課），在那半年期間，碧玲每周有兩個半天到三民國中從事受災學生的沙遊治療，她更特別去找到適合帶上車的迷你物件蒐集推車，時常看著她將沙盤、物件搬上搬下，載運到學校，做完之後再載回家，看起來真是忙碌，但碧玲似乎樂在其中。在受災學生的沙遊治療過程中，碧玲本身在專業上也獲益良多，同時家裡也多了許多關於象徵及神話的書籍，藉此加深了對於沙盤世界的理解。

2011 年 8 月，碧玲和她的沙遊學習夥伴與她的老師一起在瑞

士舉行的世界沙遊治療學會 2011 年年會中口頭報告了她們對受災兒童青少年的沙遊治療成果。為了這趟報告，信昭特地將家庭的年度旅遊安排到瑞士，於是全家四人提前 2 週出發，以自助搭火車的方式遊覽了聖模里茲、策馬特、蒙投、茵特拉根、琉森、伯恩、蘇黎世等地，看見了號稱全世界最美麗國度令人讚嘆的美景，也是我們全家人對碧玲超級用心學習沙遊治療以及努力從事沙遊實務工作的鼓勵及見證。如今，很慶幸碧玲在沙遊治療方面有了長足的進展，並且運用這種方式幫助更多有需要的個案。

2010 年 5 月，信昭在台南創辦了自然就好心理諮商所，裡面設有個別治療室、婚姻與家庭治療室、心理劇團體室、遊戲治療室以及沙盤治療室。自然就好心理諮商所的個案以兒童及青少年為主，因此遊戲治療室便是最常用到的一間治療室，有時候個案較多的某些時段還會發生「搶」治療室的情況。於是，我們將沙盤治療室布置成遊戲與沙盤治療雙功能的房間，以便能夠滿足實際需要。經營一間心理諮商所沒有想像中簡單，還好參與其中的夥伴都彼此支持，再加上不是以賺錢為最大考量，5 年多以來諮商所已經慢慢步上軌道，感謝所有曾經在諮商所付出的夥伴們。碧玲於 2014 年 2 月從大學教職退休之後加入自然就好諮商所一起努力，希望在遊戲治療及沙遊治療方面提供更多元的服務。

隨著我們這些年來對遊戲治療以及沙遊或沙盤治療的熱衷及興趣，我們也翻譯了相關的書籍，前後參與出版了《策略取向遊戲治療》、《沙遊治療》、《遊戲治療新趨勢》、《孩子的第一本遊戲治療書》、《兒童遊戲治療案例研究》、《經驗取向遊戲治療》、《沙盤治療實務手冊》、《遊戲治療──建立關係的藝術》、《沙遊分析──沙遊類別檢核表之應用》等書。上述每一本書在遊戲治

療或沙遊╱沙盤治療領域裡面各有不同層面的功用，期待能夠對這方面的專業人員提供多元的參考資料。到後來卻發現，收穫最大的其實是我們自己，因為在翻譯的過程中讓我們體會到遊戲治療和沙遊治療的多元面貌，進而找到我們本身各自最適合及擅長的方法及取向。

　　去年在網路書店發現此 2014 年出版的原文第三版，買來看過之後發現，此書詳述了親子遊戲治療的實務內容，非常值得對親子遊戲治療有興趣的專業人員做為參考之用。再加上國內有關親子遊戲治療的書籍相當缺乏，而這個方法是協助父母改善孩子心理問題很值得推廣的方法，因此興起翻譯此書的念頭。也由於實在很想看到這本書的出版，所以我們很努力地利用不到 3 個月的工作後時間將此書翻譯出來，實在很想對我們自己按個讚。非常感謝心理出版公司林敬堯總編輯的協助，以及李晶和陳文玲兩位編輯的協助，方使此書得以順利出版。

　　本書雖經多次校閱，疏漏尚且難免，還望各位先進不吝指正。

陳信昭、陳碧玲

2015 年 6 月

於台南自然就好心理諮商所

摘要  Abstract

　　50 年的研究及臨床經驗顯示，親子遊戲治療對於遭受各種社交、情緒及行為困難的兒童和家庭是一種有效的介入。在解決孩子的問題、鼓勵孩子健康的心理社會發展，以及強化整個家庭方面，這種獨特的治療方法讓父母成為主要的改變代理人。親子遊戲治療師訓練並督導父母對自己的孩子執行兒童中心遊戲單元，這種方式不但有助於減少主述問題，也可以強化親子及家庭關係。這本書涵蓋了親子遊戲治療運用的原則、理論基礎、研究、概念，以及具體方法。內容討論到常見的問題，同時描述了一個家庭的整個治療過程。

　　在本書（原文書）第一版問世之後的 20 年間，全世界的大眾及專業領域都對親子遊戲治療產生極大的興趣。目前對這個方法的研究還在增加當中。（原文書）第三版詳述了親子遊戲治療所根據的原則、價值觀及理論，並且更新了研究資料以及對各種主述問題的方法應用。參考文獻已更新，也納入了各種衍生的型式，而且持續強調方法的多元文化價值。

背景知識

　　現今有關兒童和家庭所面臨的問題，無數的報章雜誌及專業期刊都曾報導過令人沮喪的故事及統計數字。我們的世界正處在快速且極端的變化中，有些人甚至會擔心社會的基本單位——家庭——可能無法從這波變動中倖存過來。

　　儘管目前的趨勢看似嚴峻，力量和希望的徵象依然存在。家庭的許多堅強結構依然保留著，而我們也越來越知道該如何強化這些結構（Stinnett & DeFrain, 1985）。父母似乎越來越願意參加父母教育課程，也有越來越多的家庭為了處理自身的問題而尋求專業協助。專業人員也比過去有更多的機會得以利用各種介入及預防方案來協助兒童及家庭。

　　在協助兒童和家庭克服或預防負面問題方面，親子遊戲治療（Filial Therapy）會是相當有用的方法。親子遊戲治療是由 Louise Guerney 和 Bernard Guerney 博士在 1960 年代所發展出來作為處理兒童社交、情緒和行為問題的治療方法（B. G. Guerney, 1964; L. F. Guerney, 1976a, 1983a, 1991, 1997, 2000, 2003a, 2003b; L. F. Guerney & Ryan, 2013），已經受到越來越多臨床及研

究團隊認為有助於強化親子及家庭關係。

在親子遊戲治療中，一旦父母學會如何對自己的孩子運用兒童中心遊戲單元（child-centered play sessions），他們便可以成為主要的改變代理人。親子遊戲治療師則是運用勝任導向的心理教育架構來教導父母執行特定的遊戲單元，並且在這些遊戲單元中督導他們，最後幫助他們在家裡整合這些遊戲單元及教養技巧。

親子遊戲治療最常運用在 3 歲到 10 或 12 歲之間的兒童，但是在某些創傷案例中，親子遊戲治療的運用可以擴展到青少年中期這個階段，而且甚至不用做太多技巧上的更動。兒童中心遊戲單元「特別時光」（special times）的替代方式可以輕易地擴展到青少年的應用上面。特別時光所涉及的是，父母在青少年選擇從事的活動中運用從遊戲治療單元學習到的諸多相同技巧。遊戲單元或特別時光基本上是兩人一組——一個家長和一個孩子。這種組合可以帶出合宜的關係發展，並且關注到孩子的需要。最理想的方式是家中所有的孩子都納入與父母一起的遊戲單元或特別時光。

 # 何謂親子遊戲治療？

親子遊戲治療是家庭治療的一種型式，是根據一種心理教育模式，而非實務上的醫療或專家模式。它在家庭脈絡內增強遊戲治療的力量，以賦能兒童、父母及整個家庭。它有助於兒童、父母和家庭的改變，進而帶來更親近、融合的關係以及更佳的個人及集體適應。

"filial therapy" 中的 filial 這個字來自拉丁文 filios 或 filias，

意指兒子或女兒。若是擴大來翻譯，可以意謂著親子。親子遊戲治療不斷演進，Guerney 和其他人也曾嘗試要找出更適合的用語〔兒童關係促進家庭治療（Child Relationship Enhancement Family Therapy）、親子遊戲治療（Filial Play Therapy）、親子家庭治療（Filial Family Therapy）〕，但是 Filial Therapy（譯註：理論上應譯為親子治療，但在台灣更常使用親子遊戲治療）仍是最被接受的用語。在 2003 年，Louise Guerney（個人意見）曾要求，在特定提到 Guerney 模式親子遊戲治療時，應該使用開頭大寫的 Filial Therapy，而開頭小寫的 filial therapy 或其他用語則是用在描述原始方法的其他改編方法（VanFleet, 2011a）。那個要求有被納入此版本中。

親子遊戲治療是在理論上經過整合的一種治療型式，專業工作者在過程中訓練並督導父母（或其他照顧者）對自己的孩子執行特別的非指導式遊戲單元。治療師對父母提供回饋，以便協助他們發展能力和自信。治療師也用一種合作的方式來與父母討論孩子的遊戲主題，同時幫助父母了解孩子在遊戲脈絡中的動機、感覺、意圖和行為。一旦父母發展出執行及了解遊戲單元所具備的技巧，治療師接下來就會幫助他們將遊戲單元轉移到家庭情境中。在這個時候，治療師便會利用每週一次或兩週一次只與父母見面的會談來持續監督遊戲單元及整體進展。治療師也會幫助父母將所學類化到每天的生活和教養情境中（VanFleet, 2011a）。

親子遊戲治療是一種有時限性的介入方法，對一個面臨中等程度問題的家庭而言，一般需要進行 15 到 20 次、每次 1 小時的單元。最早的設計型式是作為團體家庭治療，到目前還是有人用這樣的方式從事治療（L. F. Guerney & Ryan, 2013）。家庭治療導向的

團體長度大概介於 16 到 24 週，也有幾種教養技巧類型團體的改編型式，長度介於 8 到 12 週。本書稍後都會概略提到這些型式。親子遊戲治療很容易運用到個別家庭中，這也是本書的重點。治療師可以將親子遊戲治療作為預防之用，也可以作為嚴重兒童和家庭問題的治療性介入。

 ## 理論整合

以下段落中的大部分內容原刊載於 *Play Therapy Magazine of the British Association of Play Therapists* 這本期刊的 "Filial Therapy: What Every Play Therapist Should Know" 三部曲系列文章中（VanFleet, 2011a, b, c），並在作者的同意之下稍加修改後重印。

每一種治療型式的精髓取決於其理論以及理論背後的假說。要真正了解一種介入，就必須了解它的基本理論。在 Bernard Guerney 開始詳述為何要讓父母在治療師的督導之下對自己的孩子執行非指導式遊戲單元時，他引用了幾種人類心理學理論最強大的層面（個人意見）。親子遊戲治療真正綜合了心理動力、人本、人際、行為、發展、認知及家庭系統理論的特點。舉例來說，父母一方面學習對孩子展現接納及無條件的正向對待，同時也對不安全或破壞性的行為提供清楚的行為限制及後果。治療師一方面教導父母運用增強和社會學習理論，同時也對父母傳達同理和支持。親子遊戲治療所引用的相關理論會在下面簡單描述，詳細資料可以參閱其他文章或書籍（Cavedo & B. G. Guerney, 1999; Ginsberg, 2003;

L. F. Guerney, 1997, 2003b; L. F. Guerney & Ryan, 2013; VanFleet, 2009a）。

心理動力理論

　　從心理動力理論來看，親子遊戲治療確認了潛意識及防衛機轉的重要性，並且強調它們對發展自我了解及成長的重要性。宣洩（catharsis）可以提供釋放和療癒，同時阿德勒取向心理學（Adlerian psychology）強調了目標、精熟及社會興趣的必要性。親子遊戲治療中孩子的遊戲被認為可以表達出他們的內在世界，包括他們的焦慮和希望。他們的遊戲具有象徵性且有意義。從父母的觀點來看，孩子的遊戲主題反映了家庭動力議題。孩子在親子遊戲單元的安全範圍內所呈現的遊戲，有助於父母看見動力議題，不僅僅是孩子的議題，也包含父母和整個家庭的議題。治療師要幫助父母修通這些領悟，以便家庭可以達成讓所有家庭成員和整個家庭展現更好適應的這個目標。

人本理論

　　親子遊戲治療在整個過程中大量運用了人本理論，特別是Rogers 的理論。親子遊戲治療的目標是透過接納、真誠尊重和同理的運用，來促進每一位家庭成員的自我概念。在父母執行非指導式、兒童中心遊戲單元時，孩子接收到了正向對待。父母學習對孩子的感覺、想法和動機提供真誠尊重及同理。親子遊戲治療的關鍵特點是，治療師提供同樣的安全和接納環境以傳達出對父母感覺、

想法、內在衝突和渴望的了解。深度的同理方能幫助父母投入過程，而了解和接納有助於父母為了更滿意的家庭生活而做出困難卻又必要的改變。親子遊戲治療代表著一系列的同理，治療師給予父母接納，以協助父母給予孩子及彼此同樣的接納。

❧ 行為理論 ❧

親子遊戲治療運用了行為主義及學習理論的一些原則和方法，包括確保成功的一些教學方法。對兒童的遊戲單元中有著行為成分，其中結構化和設限技巧可以添增安全感、界限及清楚的後果，有助於減少兒童的不適宜行為。父母學習用平衡的方式來進行教養。治療師運用增強、行為塑造及替代學習來幫助父母掌握用在孩子身上的技巧和行為。父母訓練的過程相當倚重行為和學習原則（VanFleet, 2009b）。

❧ 人際理論 ❧

親子遊戲治療所根據的前提是，個人的行為大部分是受到人際經驗所影響。Sullivan（1947）人際理論的環狀模式（circumplex model）認為一個人的反應受到其他人行為和反應很大的影響。親子遊戲治療試圖要改變親子關係中常見的「行動—反應」配對，方法是透過幫助父母增加覺察，並且選擇對情境或彼此做出與過去不一樣的行動或反應方式。親子遊戲治療從人際理論引用的重要概念是：關注遊戲單元中親子關係的相互性，有助於父母和孩子雙方負起改變的責任，進而帶來更令人滿意的整體家庭關係。

✤ 認知理論 ✤

認知治療所根據的理念是，我們的想法會影響我們的感受和行為。在親子遊戲治療中，一般相信非指導式遊戲單元有助於兒童改變對他們自己、對他人以及對世界的想法。當兒童遊戲時，若能同時透過想像性遊戲來表達不同的感覺以及演出不同的角色、認同和場景，上述改變就可能出現。正如在受創傷兒童的親子遊戲單元中經常出現的，他們可能在早期的遊戲單元把自己放在想像性的受害角色，但隨著遊戲有所進展，他們可能越來越採取更有力量的角色，最終還消滅了「壞蛋」。治療師也幫助父母對自己和孩子有不一樣的看待方式。當父母對孩子的遊戲所呈現的主題做反應，治療師會幫助父母發覺自身的想法，也幫助他們重新框架（reframe）對情境的了解。舉例來說，許多父母在治療一開始時都認為孩子是故意要惹他們生氣，但在治療結束的時候就不再這麼想，取而代之的是一種更加符合現實且同理的想法，因為他們已經了解到創傷或焦慮會怎麼樣影響一個人的行為。

✤ 發展／依戀理論 ✤

兒童的感覺和行為深深受到其發展程度及依戀（attachment）經驗的影響。兒童在親子遊戲治療當中出現的遊戲通常反映了當時與他們有關的發展任務，例如，5 歲兒童不斷來來回回倒水，顯示出對工作的發展性掌握。治療師要幫助父母了解出現在遊戲中的發展特點，並且設定更符合現實的期待或是變得更加接納。依戀議

題也可能在遊戲中自然出現，例如，出身於糾纏（enmeshed）、不安全依戀關係家庭的女兒沒有邀請母親扮演任何角色。治療師通常必須安撫父母說這一點都不讓人擔憂，反而是好事一樁。遊戲打開了治療師和父母之間的討論，而治療師可以對父母說明所謂的健康依戀，就是孩子會來來回回地出去探索、獨立，然後又回到安全基地。透過這種方式，甚至父母本身的依戀兩難也能夠被喚起、討論和修正（BiFulco & Thomas, 2012）。親子遊戲治療賦能所有家庭成員的方式，使得他們在情緒上有足夠的安全感可以轉變到更健康的依戀風格及互動方式。即使是由創傷和依戀破壞所帶來的嚴重問題，都可以透過親子遊戲治療成功加以處理，因為它用同樣的介入處理了創傷和依戀動力。

❧ 家庭系統理論 ❧

從理論觀點來看，親子遊戲治療的個案既非孩子也非父母，而是存在親子或是所有家庭成員之間的關係。一旦家庭的某個部分改變，就會影響到整個家庭系統，因此親子遊戲治療師盡可能將所有家庭成員納入。雖然遊戲單元一次只包括一個家長和一個孩子，但整個家庭都應納入過程中。治療師應該對家庭系統內所有層級的改變有所警覺，並且考量到更廣的系統，例如，延伸家庭、學校、工作場所、鄰里以及文化（Bronfenbrenner, 1979）。其他文獻有更深入討論到親子遊戲治療如何納入家庭系統理論（Topham & VanFleet, 2011; VanFleet & Topham, 2011）。

心理教育模式

　　有人可能會很好奇這些不同的理論如何能融入一種介入之中，因為它們各有不同的假設和實務方法。答案就在於這個模式所使用的心理教育本質。心理教育模式認為，個人及其家庭所面臨的問題多因其缺少知識或技巧。家庭所具備的教養或關係技巧種類不足以符合所有家庭成員的需要或是不足以處理家庭所面臨的壓力源。心理教育介入是設計用來教導和協助家庭成員運用有助於化解問題的知識和技巧。這種方式基本上不同於專家模式或是許多治療機構所使用的醫療模式。

　　Guerneys 及其同事（Andronico et al., 1967）在親子遊戲治療發展初期就已經討論過其中的教導及動力成分。Louise Guerney（1997）描述：

> 　　雙重承諾於遊戲單元的直接教導，以及摹擬式地聚焦在父母作為遊戲者以及作為父母的感受……當父母涉入這個過程，他們是在進入有可能具有情緒威脅的親子關係世界——一個感覺和態度的世界，而其家庭動力是要求父母必須提供孩子尊重和了解。儘管如此，我們還是要了解，致力於孩子的工作永遠是第一優先，父母的感覺及個人擔心應該放在次要。親子遊戲治療並不是對父母提供個人或伴侶治療的替代路徑。在學習如何有能力執行適當的兒童中心遊戲單元，以便幫助孩子及親子關係的過程中，父母的觀點很重要，必須獲得接納和了解。（pp. 131-132）

　　從事親子遊戲治療的治療師角色就像是臨床工作者、教育者、發展專家及家庭治療師。要做最好的親子治療實務工作，治療師必須了解這個模式的理論整合及其能力導向的心理教育架構（VanFleet, 2011a）。

親子遊戲治療的核心價值

　　與其構成理論有關的是親子遊戲治療的一些核心價值（Ginsberg, 2003; L. F. Guerney, 1997, 2003b; L. F. Guerney & Ryan, 2013; VanFleet, 2004）。親子遊戲治療師應該擁護這些價值，並且隨時將這些價值融入他們的工作中。以下列出這些核心價值。

- 誠實——治療師永遠對個案誠實，並且創造出一種氛圍來鼓勵個案對他們的家人誠實。
- 開放——治療師開放地對個案分享訊息及想法。過程中沒有隱藏的主題或想法，因為那些會傷害關係。治療師對個案分享整個過程所奠基的價值，並且以個案自身價值系統的字眼來與個案討論。
- 尊重——治療師表現對個案的尊重，同時也期待個案表現對彼此的尊重。
- 真誠——治療師試圖保持真誠，在與個案所有的互動中真正做自己。
- 同理、了解、接納——治療師試圖透過接納和同理來了解個案的深層內在。接下來，治療師幫助父母傳達對孩子的同理及接納。

- 關係——介入的焦點在於建立更穩固的關係。關係是人類福祉所必須,而整個治療過程就圍繞在建立穩固的治療關係,同時幫助個案建立穩固的家庭關係。

- 賦能、自我效能、教育——治療師試圖強化個案的知識及技巧,以便賦能他們。個案的投入是必要的且應獲得鼓勵。整個治療過程聚焦在透過技巧的建立和支持的運用來幫助個案做決定,並且盡可能更加自我肯定。

- 謙虛——治療師要保持謙虛,同時體認到個案原本就擁有許多資源和力量,只要加以強化,就能夠解決他們自己的問題。對於要教給父母的特定技巧和方法,治療師或許是專家,但個案才是他們自己生活的專家。

- 合作——治療師視父母為過程中真正的夥伴。不管在哪個階段,有關決定、目標、接下來的步驟及關注焦點,治療師都應該諮詢個案的意見。父母和治療師的想法和意見應該受到同等的重視。

- 有趣和幽默——治療師看重有趣及輕鬆的氣氛,並且努力為父母營造這種氣氛,如同父母要學習為孩子創造一種有趣、安全和接納的氛圍。要經常運用幽默,但必須是正向的方式。

- 情緒表達——感覺的表達對所有家庭成員都很重要。治療師鼓勵在同理的環境中做情緒表達,目的是為了促進家庭成員的彼此了解以及治療過程。

- 家庭力量——治療師透過這裡所揭示的價值努力幫助家庭變得更加穩固。

- 平衡——過程不能走極端,反而要在養育孩子的重要層面之間找到平衡,例如,在自由和選擇以及限制和界限之間找到平衡。

親子遊戲治療的必備特點

　　以上所討論的理論及價值最終帶出了親子遊戲治療的必備特點（也就是，讓它顯得獨特的要素）。最近幾年，有人發展出其他的介入，這些介入也牽涉到父母和孩子並且運用到遊戲，但是它們有的很不像親子遊戲治療，儘管上面兩種要素很相近。由於親子遊戲治療豐富地吸收了不同理論，再加上 Guerneys 很有創意和智慧地將它們融合在一起，即使到了今天都很難找到任何一種治療型式可以如此巧妙地整合這麼多理論取向的個別優點，而成為幫助兒童及家庭實用又有力的方法。

　　這個段落指出了執行親子遊戲治療的核心原則。這些必備要素加總起來，使得親子遊戲治療成為一種清楚的治療型式（VanFleet, 2011b）。其他介入可能具有其中一點或幾點要素，但是必須具備所有這些特點，才是 Guerneys 最初將其概念化，並和學生們在過去半世紀以來努力實踐的親子遊戲治療（VanFleet, 2011a）。受到親子遊戲治療啟發的其他型式有時候會漏掉一兩項必備特點，但它們仍然被視為親子遊戲治療家族的一部分，因為它們的確涵蓋了多數特點，並據以更改了它們的目標及範圍。本書後面將會提及這些改編型式。必備特點如下。

　　強調遊戲對兒童發展的重要性，以及遊戲被視為了解兒童的重要途徑。 透過遊戲，兒童表達出感覺、掌握新技巧、將新經驗整合到他們對世界的了解、發展社會適應，並且增強他們問題解決和因應的能力。親子遊戲治療師相信遊戲對兒童具有治療性的助

益。兒童中心或非指導式遊戲治療的實務指導原則，同樣適合用來指導父母與孩子的遊戲單元（完整的內容回顧，請參考 VanFleet, Sywulak, & Sniscak, 2010）。

父母獲得賦能而成為自己孩子的改變代理人。親子遊戲治療所根據的假設是，父母是孩子生活中最重要的成人，因此比任何治療師都具有更重大的影響力。進一步的信念是，多數父母有能力學會兒童中心遊戲單元的必要技巧，並且幫助自己的孩子。一旦父母學到更多與孩子互動或是幫助孩子的有效方法，正向影響也會更深、更持久。親子遊戲治療是家庭治療的一種型式，它試圖透過這種賦能來幫助家庭系統達到更好的功能。在治療過程中父母被視為、也成為真正的夥伴。

個案是關係，而非個人。目前的照護系統通常強調找出單一個案，而那通常是孩子。父母通常是因為某個孩子的行為而尋求治療，然而，若是聚焦在那個孩子，就可能冒著錯失問題根源的危險性，而根源通常隱藏在家庭動力之中，例如婚姻關係緊張、教養技巧不良、家庭中的疾病或死亡、虐待、不平衡或混亂的家庭組織、經濟條件差，或是依戀問題。問題通常不會單獨起因於個別孩子。即使問題主要來自某個孩子，例如像注意力不足過動症（attention deficit/hyperactivity disorder, ADHD）有其生理原因，仍然會影響整個家庭，而所有家庭成員也會面臨到一些心理社會問題。孩子若患有像是糖尿病等慢性疾病，可能會出現行為問題或不配合醫療的問題，而這些問題多半仰賴父母處理，若因此投注太多心力在照顧病童，其他手足就可能受到忽略。

在親子遊戲治療中，孩子和父母都不會被視為主要的個案。治療師聚焦在親子以及所有家庭成員之間的關係。親子遊戲治療是用

來強化這些關係以及化解關係上的弱點。從實際面來看，有時候基於必須有人出面付費或是陳述狀況，因此某個家長或孩子可能會被列為「官方」個案，但是治療師應該將親子關係的福祉列為最優先，並據以做出專業決定。

同理是成長及改變所必備。要能形成健康的社會連結與彼此滿意的關係，同理是關鍵因素（Perry & Szalavitz, 2010）。它有助於建立安全依戀所必須的同調性（attunement），而成長就在安全和接納的環境中獲得滋養。同理在親子遊戲治療的幾個層面都扮演重要的角色。親子遊戲治療師必須很有技巧地提供同理給成人和孩子雙方；他們透過同理的傾聽能力來提供真誠和接納。治療師對父母提供同理的方式是真正努力透過父母的眼光來看事情，而不要有評判。他們非常同理地傾聽父母最深的感覺和擔憂，並且傳達出接納。這並不表示治療師接受或認可父母之前的壞行為，而是接納他們內在的情緒、動機和希望。治療師固然不會寬恕父母傷害孩子的作為，但是他們會努力了解引發父母如此作為的挫折或暴怒。對父母感覺的深度了解通常能讓父母更加投入治療過程，進而促進他們的正向改變。對父母的同理式傾聽並不是僅僅重述他們的想法和感覺，它反而是盡可能去了解父母最深層感受的一種承諾。舉例來說，假如某個父母說：「有時候我就是受不了他，我知道這聽起來很可怕，但是他真的很可惡！」而治療師回應：「你對他很生氣」，這句話是同理沒錯，但是卻沒有反映到父母感覺的強度。一種更為同理的回應會是：「你對他氣壞了，簡直無計可施！」在親子遊戲治療的整個過程中，治療師都應該對父母展現同理和接納。

在孩子方面，親子遊戲治療師首先必須能掌握兒童中心遊戲治療（VanFleet et al., 2010）。在親子遊戲治療早期，治療師通常會

對家庭中的每個孩子示範兒童中心遊戲單元,而父母在旁觀看。治療師必須對孩子的感覺做最深度的同理和反映。他們體認到諸如攻擊和對立等表面行為,通常是由潛藏在表面之下更為根本的感覺及動機所驅動,例如恐懼和焦慮,因此他們會以同理的方式回應所有層面,以傳達出真正的接納。透過自己所受的訓練和經驗,親子遊戲治療師知道該對兒童中心遊戲治療有何期待,也知道如何在發展及心理社會的脈絡中確認及詮釋遊戲主題。基本上,他們必須言行一致。

最後,整個親子遊戲治療過程中的親子遊戲單元在本質上維持非指導性。父母在遊戲單元中任何時刻都不能轉而運用諸如正增強等指導方式,因為這背離了關係建立和親子改變過程當中很重要的同理和接納。治療師固然會幫助父母在日常生活中運用正增強和父母訊息等技巧,但這些技巧並不會帶入遊戲單元中,它必須保持兒童中心的方式。

親子遊戲治療中同理式傾聽的運用證實了一個基本信念,只要提供一種安全、了解和接納的氛圍,人們(兒童和成人)就會朝更健康的心理社會方向前進。從許多面向來看,同理是親子遊戲治療模式的基石,因為它對治療關係及親子關係有著重大的影響。

盡可能讓整個家庭涉入。儘管家庭心理學也還正在萌芽當中,但親子遊戲治療被認為是一種家庭治療。這意味著家庭中的所有關係層面對治療師來說都很重要。治療師要鼓勵父母雙方都參與過程,包括觀察彼此的遊戲單元並給予回饋。他們可以從這個過程中有替代性的學習。常常見到的情況是,父母之一從另一位父母在上一次的遊戲單元中聽到了不錯的用語和反映,他(她)也就跟著使用。要努力將不太願意加入的父母一方帶進親子遊戲治療,也要讓

親子遊戲治療
透過遊戲增進親子關係

他（她）知道自己的貢獻很重要，以及對於孩子的價值。由於父母或照顧者雙方同樣學習同理與界限有所平衡的方式，親子遊戲治療通常能將雙親截然不同的教養風格帶到一個比較中庸的方式。嚴格教養者學習到如何表達了解；滋養型教養者也變得更能做堅定的限制。正是由於這個過程，許多參與親子遊戲治療的父母都認為，因為彼此對教養事宜更趨同步，婚姻關係也有所改善。

運用親子遊戲治療的治療師也會試圖在過程中納入家庭所有的孩子。對青少年來說，這意味著定期運用「特別時光」而非遊戲單元來提供完整的父母關注、了解、結構和歡樂時間。對於大約 2 到 12 歲的兒童來說，親子遊戲治療最好的運作方式是每週或每兩週一次與父母做一對一的遊戲單元。正如前面所提，讓父母願意前來接受治療的問題通常會影響所有家庭成員。某個孩子出現問題，經常會佔用父母很多心力，因此沒有出現問題的手足有可能會受到忽略。父母離婚可能導致某個孩子出現行為問題，而比較安靜的孩子可能會被視為「還好」，但事實上他可能出現憂鬱、退縮和焦慮。因此，親子遊戲治療師主張要盡可能納入所有孩子。理想上是從治療一開始就這麼做，但由於目前服務模式的實務限制，治療師要有創意地思考如何在過程中納入所有孩子。

在親子遊戲治療中經常發現，父母對原本以為沒有問題的孩子所做的遊戲單元有比較多的挑戰。將所有孩子納入遊戲單元，就好像在分紅利一樣，這可以強化家庭成為一個整體。若是對每個孩子做遊戲單元，父母通常可以更快、更紮實地學會技巧。或許對不同個性和議題的孩子做遊戲單元可以強化父母的技巧運用，正如同在處理過很多不同類型的兒童個案之後，治療師的能力和有效性就會增加。除此之外，對某個孩子的遊戲單元若是順利，也可以減少另

一位孩子遊戲單元不順利所帶來的挫折感。

對父母運用心理教育模式。有生理病因的問題當然需要確認和治療，但是親子遊戲治療師通常將兒童及其家庭的社交、情緒和行為困難視為有環境因素影響的適應問題，且主要起因於缺乏知識或技巧。教育以及技巧發展因此可以減少許多問題，進而帶來治療上的助益。

已有一些證據顯示，親子遊戲治療對父母運用的這種訓練模式能夠幫助父母獲得必要的技巧。這個模式有四個要素：(1) 說明技巧的原理；(2) 示範技巧；(3) 技巧練習；(4) 個別化的回饋。對於要教給父母的每一項技巧，治療師要說明其原理和方法，同時回答所有疑問。他們接下來要用行動示範那些技巧，方式是對家庭中的每個孩子做至少一次兒童中心遊戲治療單元，而父母在旁觀看。觀察單元之後做些討論，有助於父母理解過程中的觀察、困惑及懷疑，以及過程與他們家庭的相關性。

接下來治療師透過技巧練習的運用來訓練父母，包括使用確實的行為和學習方法。一開始可以用模擬遊戲單元的型式，由治療師扮演孩子，而父母運用遊戲單元技巧。治療師要配合父母當時的能力狀況來角色扮演孩子展現的困難程度，然後逐漸增加難度，直到父母通過完整的訓練。治療師可以運用行為塑造原則加上當下鼓勵，來對他們的努力給予立即性的回饋、減少他們的表現焦慮，並且協助其學習過程。這種教學過程有助於多數父母很快地獲得必要技巧。

在每次模擬單元之後，治療師提供詳細的回饋，多數聚焦在父母做得不錯的地方，而只提到一、兩處父母下次可以改善的地方。個別化的回饋有助於父母的快速學習，因為一方面有著支持和合作

的氛圍，另一方面又可提供他們技巧運用的特別訊息。要給父母足夠的機會來討論他們的感覺，以便釐清誤解、消除阻礙，並且給予他們對學習的掌控感。在父母開始對孩子的遊戲單元之後，相同的過程也一樣適用。

治療師現場督導父母對孩子所做的前幾次遊戲單元，以提供實際支持和持續的學習。親子遊戲治療的一個重要特點，就是創造一個父母可以獲得成功的環境。傳統教養技巧課程的其中一項問題，就是父母僅僅短暫接觸新技巧，例如傾聽技巧，接下就立刻被要求在家中運用這個技巧。常見的情況是父母在下個單元回來時說：「我試過了，一點用都沒有。」很多人會認為這樣的回應是由於父母缺乏動機，但更可能是因為父母還沒有完全掌握在一個相當複雜的環境（日常生活）裡面實施技巧的能力。親子遊戲治療處理這個困難的方式是不要求父母在日常生活中運用這些技巧，除非他們已經在遊戲單元中完全掌握。親子遊戲治療師會在現場直接觀察四到六次父母所做的遊戲單元，方式通常是安靜坐在遊戲室的角落裡。這給了治療師一個立體的角度來觀看整個單元、父母的技巧使用、孩子的回應，以及人際之間的細微差別。在父母剛開始對孩子施用新學來的技巧時，這個做法也提供了默默的支持。

經過半小時遊戲單元之後，孩子暫時被帶到安全的等候處所，而治療師就與父母完成回饋過程。首先由父母反映自己的技巧運用；「對你而言簡單的地方在哪？」「困難的地方在哪？」治療師要同理父母的回應，然後提供技巧回饋，方式是對某些特定行為做正增強，並提供一、兩處改進的建議：「珍妮，妳不斷描述妳女兒在餵所有嬰兒娃娃果汁和咖啡，這個回應妳做得很棒，因為妳有反映她遊戲的內容。下一次，看看妳是否能夠多帶出她的感覺，例如

『嬰兒會喝咖啡，讓我覺得很有趣。』。」

經過四到六次現場督導單元之後，父母通常能發展出能力和信心，覺得可以開始家中的遊戲單元。治療師可以根據父母的陳述及／或家庭錄影來對這些單元提供間接的督導。在父母轉變了回應孩子的某些僵化方式之後，這種督導式的支持可以幫助父母獲致成功、建立技巧，及維持動機。

過程是真正的合作。親子遊戲治療師必須盡可能在治療過程中將父母視為夥伴。然而，經常有人誤解親子遊戲治療是要教導父母成為治療師。在家庭接受治療的這段期間，治療師還是必須負擔整個治療的責任，父母只不過是在學習一套遊戲單元技巧，而只要這套技巧最終能夠從遊戲單元類化到日常生活，就能夠明顯改善親職教養及親子關係。監督及管理治療過程仍然是治療師的責任。

可以這麼說，親子遊戲治療師在過程中的任何步驟都歡迎並鼓勵父母參與。父母的所思、所感、所言都很重要。不管是反映他們自己的遊戲單元或是試著確認孩子遊戲的可能意義，父母的觀點必須先討論，然後再由治療師增添自己的意見。治療師要考量並利用父母的觀點，同時體認到父母比治療師更了解孩子的脈絡，也因為這點，父母對遊戲意義的看法更顯重要。治療師要知道父母的領悟會比治療師的領悟更加真確。

親子遊戲治療中，治療師和父母之間是一種協同的關係：分享意見、傾聽、合作做選擇、互相尊重，還有歡笑。從象徵性來說，這就是大家並肩坐著或坐成一圈來討論彼此關切的議題（夥伴關係）與隔著桌子做同樣一件事情（專家模式）最大的差別。親子遊戲治療有著一種開放、友善團隊工作的氛圍。

親子遊戲治療的目標

親子遊戲治療對孩子和父母雙方都有助益。對孩子的治療目標如下：

1. 讓孩子能夠完整且建設性地體認並表達他們的感覺。
2. 給予孩子被聽見的機會。
3. 幫助孩子發展有效的問題解決及因應技巧。
4. 增加孩子的自信及自尊。
5. 增加孩子對父母的信心及信任。
6. 減少或消除不適應行為及主述問題。
7. 幫助孩子發展主動及親社會性行為。
8. 促進安全的依戀關係以及開放、凝聚的家庭氛圍，進而有助於孩子在下列層面有健康和平衡的發展：社交、情緒、智性、行為、身體及靈性。

親子遊戲治療對父母的治療目標如下：

1. 增加父母對一般孩子發展的了解。
2. 增加父母對自己孩子的了解。
3. 幫助父母體認到遊戲和情緒對孩子和自己生活的重要性。
4. 減少父母對自己孩子的挫折感。
5. 協助父母發展出各種有利於教養結果的技巧。
6. 增加父母對自身教養能力的信心。

7. 幫助父母打開對孩子的溝通管道，並且持續保持暢通。

8. 讓父母雙方能以團隊的方式一起做更好的努力。

9. 增加父母對孩子的溫暖和信任感。

10. 提供一種沒有威脅性的環境，讓父母得以處理在教養或與孩子互動中所引發的議題。

　　整體來說，親子遊戲治療的目標是：(1) 從根源處消除主述問題；(2) 發展親子之間的正向互動、依戀及關係；(3) 增加家庭的溝通、因應及問題解決技巧，以幫助他們能更獨立且成功地面對未來的問題。

　　接下來的章節會先做研究回顧，然後說明在親子遊戲治療中運用兒童中心遊戲單元的原理。談完親子遊戲治療的家庭評估方法及議題之後，就會討論訓練父母執行遊戲單元的具體方式。治療的順序是：(1) 評估；(2) 訓練；(3) 初期遊戲單元；(4) 有治療師督導的遊戲單元；(5) 將遊戲單元轉移到家中；(6) 技巧的類化；(7) 結束。會用一個案例來說明親子遊戲治療的各個階段*。最後則會簡單描述親子遊戲治療的其他型式和應用。

註

* 在對父母推薦親子遊戲治療時，治療師要討論用這個方式來處理父母所擔心問題的可能好處。

親子遊戲治療研究

　　對親子遊戲治療的研究起於十多年前並持續至今。L. F. Guerney（2000, 2003a, 2003b; L. F. Guerney & Ryan, 2013）對於親子遊戲治療的發展以及形塑此發展的相關研究提供了一個歷史觀點。VanFleet、Ryan 與 Smith（2005）回顧了實證歷史與發展中的研究資料。由於親子遊戲治療是一種實證與證據導向的方法，因此在這裡提供研究回顧。

　　B. G. Guerney（1964）最早在 *Journey of Consulting Psychology* 這本期刊及其他專業雜誌發表親子遊戲治療的時候，專業心理社群是以懷疑的態度做回應。有關它的有效性及適當性的問題都曾被提及。有些人很難相信父母真的可以學會遊戲單元技巧，也擔心心理治療方法會被濫用。這些反對意見在親子遊戲治療的早期研究中都已檢視過。Andronico 與 B. G. Guerney（1969）以及 Stover 與 B. G. Guerney（1967）曾研究過父母是否有能力對自己的孩子執行非指導式遊戲單元。父母及治療師們接受訓練去執行遊戲單元，而受過訓練的觀察者（不知道自己觀察的人是父母或治療師）則針對遊戲單元中的某些具體行為指標評分，結果發現父母和治療師在技巧

程度方面並未出現顯著差異。這個研究指出父母有能力去執行遊戲單元。

在這些早期研究之後，有一個全國性的研究計畫完整地檢視了廣泛範圍的過程及結果變項（B. G. Guerney & Stover, 1971）。研究者探討了可以用親子遊戲治療加以處理的家庭和問題類型，以及治療型式；用來評估親子遊戲治療的工具之心理計量；孩子在情緒、行為及適應方面的改變；以及父母的滿意度與同理和技巧的改變。此研究納入 51 位母親，她們孩子的年齡介於 3 到 10 歲且有嚴重情緒困難。這些家庭以小團體的型式參與 12 到 18 個月的研究。評估的多重指標包括對超過 60,000 項遊戲單元行為評分。研究結果顯示，母親對孩子的滿意度增加，對孩子的同理能力也獲得改善。孩子的問題行為減少，同時社會適應度增加。這是一個相當完整的探索性研究，但是並沒有控制組，因為研究當時這個取向還處在萌芽階段。

Oxman（1972）進行了一項比較性研究，利用 B. G. Guerney 和 Stover（1971）研究中的 51 位母親作為實驗組，然後她從一般人口中挑 77 位經過配對、沒有接受治療的母親作為對照組。研究結果發現，相較於對照組母親，實驗組母親認為自己孩子的行為有更多改善，也對自己的孩子更滿意。對原始的 51 位母親（L. F. Guerney, 1975）當中的 42 位所進行的一項追蹤研究顯示，從親子遊戲治療所獲得的助益有 86% 在治療結束 1 到 3 年之後仍然繼續維持。超過四分之三的母親持續報告更滿意她們的孩子。

接續這些基礎性研究的是親子遊戲治療更為嚴謹的控制型研究。Sywulak（1977）研究了充當控制組的 32 位母親。資料從四個時間點蒐集，分別是治療之前的 4 個月等候期、治療剛開始、治

療 2 個月，以及治療 4 個月。儘管孩子有各式各樣的主述問題，接受親子遊戲治療 2 個月之後的母親很顯著地更能接納她們的孩子；也是在這個時間點的改善最大。改善持續到治療 4 個月。同樣地，孩子在整體適應及主述問題方面的助益在治療 2 個月及 4 個月後達顯著程度。研究結果顯示孩子的攻擊問題、退縮行為及其他問題都獲得改善。正如早期的一些研究，此研究中的父母對親子遊戲治療的滿意度很高，同時表示這整個過程有助於提升當父母的勝任感，並且對親子關係有頗多助益。Sensue（1981）對 Sywulak 研究中的父母進行了一項 3 年追蹤研究，並且從參加親子遊戲治療的那些父母的朋友裡面找到對照組樣本。研究結果發現，比起治療前的資料以及對照組父母，參加親子遊戲治療的父母在對孩子的接納度以及孩子適應度方面的改善效果可以持續至少 3 年。

　　由於親子遊戲治療越來越受到歡迎，對它的研究也越來越多。有許多研究已經探討了各種治療型式對各類主述問題的效果。在美國及全世界，親子遊戲治療已經被不同的文化族群加以研究。也有許多博士論文和申請研究經費的計畫做了有等候名單控制組的相關研究（VanFleet et al., 2005）。即使是使用相當短期的改編治療型式，親子遊戲治療不斷地被證實可以改善父母接納度、孩子的適應度、父母的壓力，以及家庭滿意度。舉例來說，治療有效果的包括對單親或離婚父母（Bratton & Landreth, 1995）、孩子的行為問題（Johnson-Clark, 1996）、患有慢性疾病的孩子（Glazer-Waldman, 1991; Tew, 1997）、性虐待兒童家庭裡的非施虐父母（Costas & Landreth, 1999）、學習障礙兒童（Kale & Landreth, 1999）、有家暴的家庭（Barabash, 2003; Smith, 2000），以及被監禁的母親（Harris & Landreth, 1995）與父親（Landreth & Lobaugh,

1998）。這種治療的可改編性及有效性也在美國及其他國家不同文化族群當中獲得印證，包括：美國原住民（Glover & Landreth, 2000）、韓國的家庭（Jang, 2000）以及移民美國的韓籍家庭（Lee, 2003）、華人家庭（Chau & Landreth, 1997），以及德國母親和孩子（Grskovic & Goetze, 2008）。對於有依戀相關問題的孩子（Ryan, 2004; VanFleet & Sniscak, 2003a），以及諸如混合家庭等其他家庭系統議題（Hutton, 2004），詳細的案例研究也指出了親子遊戲治療價值及重要性。

　　遊戲治療與親子遊戲治療研究（Bratton et al., 2005）的後設分析指出，親子遊戲治療組父母比非治療組父母有高出 1.06 到 1.15 倍標準差的好表現。這個分析研究也清楚指出，對兒童的個別遊戲治療也有效果，但是有父母參與的親子遊戲治療助益更大。

　　對親子遊戲治療的研究持續增加中，有些研究也正在美國、加拿大、英國、中國、韓國、南非、台灣，及其他國家進行中。在社區心理衛生中心、領養課程、寄養照顧及家庭團圓課程、啟蒙機構、獨立執業機構，以及許多不同的文化族群中，也有不少課程評價研究正在進行。

　　針對 27 組親子配對的一項近期研究（Topham et al., 2011）檢視了親子遊戲治療成功的預測因素。他們發現，父母壓力程度較高以及孩子的情緒調節能力較差這兩項因素可以預測治療後孩子行為問題的顯著減少。治療前父母的情緒調節能力較差這項因素，可以預測治療後父母對孩子接納度的增加。雖然研究並未檢視親子遊戲治療是否導致父母和孩子情緒調節能力的改善，但是研究指出若是父母和孩子的情緒調節能力較差，他們就更容易從親子遊戲治療中獲益。我們或許可以從這點來推測，正向的改變可能是由於情緒調

節有所改善。研究也發現,治療前父母滿意度低但擁有家人和朋友的支持這項因素,可以預測親子遊戲進行當中父母在表達接納方面有較大的改善。這點發現很可能是因為親子遊戲治療提供了父母豐富的支持環境。本研究率先探索後設情緒變項在預測親子遊戲治療結果的角色,而且想探討的問題超越「親子遊戲治療有效嗎?」進而更深入到「親子遊戲治療對誰有效?」未來研究提供的訊息將會越來越多。

　　親子遊戲治療在兒童及家庭治療的發展在很早期的時候就與相關研究互相影響。實證研究有助於形塑親子遊戲治療本身,而且已經有許多研究不斷證實它的有效性及適用性。有一些研究也已經顯示它對兒童及家庭的長期效果,這使得它成為對許多問題的強勢介入方法,同時也是一種有效的預防模式。

　　接下來的章節會提供親子遊戲治療的詳細過程。

3

兒童中心遊戲單元

親子遊戲治療教導父母對自己的孩子執行兒童中心遊戲單元。這個章節將會描述兒童中心遊戲治療的本質。更詳細的資料請參考 VanFleet 等人（2010）的研究。

兒童中心遊戲治療的原則

在兒童中心遊戲單元中，兒童主導著遊戲。兒童挑選要玩的玩具，並用自己選擇的方式玩。兒童中心遊戲治療師持續對兒童的行動及感覺表達接納，所透過的方式是持續運用同理式傾聽。治療師只會有很少的規則或限制，這是為了要創造出一種開放的氛圍，使得兒童可以在其中自在地表達自己的真正感覺。治療師只有在必要時才會用一種清楚、有效的方式來設定及附加限制，其目的是為了讓兒童了解界限，並且學習對自己的行為負起責任。只有在兒童要求的時候，治療師才會加入兒童的遊戲中，而且要以兒童想要的方式來玩。治療師必須隨時遵守 Axline（1947, 1969）非指導式的八

個兒童中心遊戲治療基本原則：

1. 治療師必須與兒童發展出一種溫暖、友善的關係，從而盡快建立起良好的治療關係。

2. 治療師接納兒童原本的樣子。

3. 治療師在關係中建立起一種容許的氣氛，好讓兒童可以自由地完全表達他的感覺。

4. 治療師敏銳地體認到兒童正在表達的感覺，並且以一種可以幫助兒童領悟自身行為的方式將那些感覺反映回去給兒童。

5. 只要給予兒童機會，兒童就會展現解決自己問題的能力，治療師對此深信不疑。做選擇和啟動改變是兒童的責任。

6. 治療師不以任何方式試圖去指導兒童的行動或對話。兒童帶路；治療師跟隨。

7. 治療師體認到治療流程是一個漸進的過程，因此不會試圖加速它。

8. 治療師只會設定必要的限制，目的是為了將治療連結到現實世界，並且讓兒童覺察到自己在關係中的責任。（Axline, 1969, pp.73-74）

　　親子遊戲治療基於幾個理由而引用兒童中心遊戲治療模式：首先，兒童中心遊戲治療簡單易懂，父母學起來相對容易。第二，它一方面提供父母對孩子展現同理的訓練和經驗，另一方面也讓父母學習到限制及後果的有效運用。這兩類重要技巧被結合在一個完整

的方法裡面，而且很容易隨著遊戲單元之外的家庭生活而加以改編。第三，遊戲單元的非指導式本質可以改善父母的同調性，並且更容易建立起親子之間的安全依戀關係（Bifulco & Thomas, 2012; Ryan, 2007）。親子遊戲治療單元的一個常見主題，就是孩子選擇去做一些探索性的遊戲，中間穿插性地自願回到父母所提供的「安全基地」。第四，親子遊戲治療師在與父母互動的過程中會示範同理式傾聽技巧，而他們對父母傳達的了解和接納有助於降低父母可能出現的防衛。父母在運用兒童中心遊戲方法時對孩子展現的同理，有助於孩子發展出自己的步調，而且也比較不會讓父母試圖去指導或加速孩子的發展。第五，研究（Stover & B. G. Guerney, 1967）及臨床經驗已經顯示，父母所學到對於執行兒童中心遊戲單元的掌握程度並不亞於專業的遊戲治療師。

 ## 玩具的挑選

兒童中心遊戲治療室或親子遊戲治療室內玩具的挑選是遵從Axline（1947, 1969）的原則。親子遊戲治療師在遊戲室中所配置的玩具要能夠鼓勵各種感覺的表達，同時要避免可能指導兒童遊戲的玩具，例如有預先設定規則的棋盤遊戲。（有關兒童中心遊戲治療或親子遊戲治療中玩具選擇的完整說明，請參考 VanFleet et al., 2010。）

遊戲室所需的玩具要能夠對兒童傳達出「表達生氣或侵略性的感覺是可以被接受的」。各式標槍、充氣式不倒翁、軟橡膠刀及一小段繩子出現在遊戲室，就是在對兒童表示這裡容許生氣和有攻擊

性的遊戲。

治療師也要準備與滋養主題有關的玩具，例如水和杯碗、嬰兒奶瓶和娃娃。兒童經常會玩出家庭議題，因此也必須有娃娃屋和家具、娃娃家族（包括母親、父親、兄弟姐妹、嬰兒）、廚房組合內含餐具，還有布偶。

親子遊戲治療室內可以有一些比較不那麼指導性或是可以用多種方式來玩的建構式玩具或競賽遊戲，讓兒童可以表達掌控、競爭和合作主題。積木、套圈圈、沙包遊戲、卡片遊戲及玩具紙鈔也是一些不錯的選項。

與兒童經常關心的議題有關的品項，例如醫藥箱、面具以及各式裝扮衣服，也可以做些準備。親子遊戲治療師可以提供其他的表達性媒材，例如黏土、沙、紙、蠟筆或奇異筆，以及顏料。

在考慮是否將某個品項納入遊戲室時，親子遊戲治療師會考量三個主要因素：(1) 品項對兒童是否安全；(2) 它是否鼓勵兒童表達感覺或主題；(3) 它是否允許兒童有想像性或投射性的運用。附帶許多指示的玩具或是有所謂「正確」玩法的玩具，可能比較適合在遊戲室外使用。耐用性也是一項經濟考量。

遊戲室內的玩具不一定要琳瑯滿目才能產生療效，親子遊戲治療更是如此，因為最終父母必須在家中準備遊戲單元要用的特別一套玩具。可能更重要的是治療師要呈現一個簡單、有功能的遊戲室，而不要與父母配備遊戲室的能力形成競爭關係。治療師將玩具散落在整個遊戲室裡，藉此對兒童形成一種歡迎之意。典型的「基本遊戲室」玩具配備如下表所示（VanFleet, 2012a，根據 L. F. Guerney, 1967b; VanFleet et al., 2010）：

家庭相關與滋養玩具

娃娃家族（包括母親、父親、兄弟姐妹、嬰兒）

配有娃娃家具的房屋或盒子

布偶家庭／動物家庭

嬰兒娃娃

嬰兒奶瓶

裝扮衣服、布料、帽子

盛水容器

用來玩水的碗

廚房餐具

與攻擊有關的玩具

充氣式不倒翁

附有靶的標槍

小型塑膠士兵和／或恐龍

6 到 10 吋繩子

泡棉材質出氣棒

可彎式橡膠刀

龍、狼，和／或其他看起來很有攻擊性的布偶或玩具

表達性或建構性玩具

蠟筆或奇異筆以及紙張

黑板或白板

積木或建構性玩具

黏土或其他可塑形物質

小沙盤／容器以及必要的迷你物件

玩具電話、手機

圍巾或大頭巾

鏡子

紙膠帶

魔法棒

面具

硬紙板磚牆

其他多用途玩具

一副紙牌

玩具紙鈔

醫藥箱

套圈圈或沙包遊戲

汽車、卡車、警車、校車、救護車、消防車、其他救難車輛

　　對於年齡比較大的兒童，這個清單可以再多加一些玩具。一般來說並不納入棋盤遊戲，而是把它留給孩子和家人在遊戲單元之外使用。若要添加任何品項，可以利用前面提到的三個因素來評估。在家庭遊戲單元時並不需要準備所有的玩具品項，只要從每個類別分別準備幾項即可。親子遊戲治療師可以協助經濟不寬裕的家庭找一些替代玩具（VanFleet, 2012a），提供租借玩具，以及／或是安排特別的製作玩具單元作為親子遊戲治療的一部分（Wright & Walker, 2003）。

4

親子遊戲治療的
兒童與家庭評估

在建議做親子遊戲治療之前，治療師應該仔細評估兒童和家庭。正如所有的臨床介入，親子遊戲治療的選擇也取決於它是否能有效地符合家庭的需要。

 親子遊戲治療的適當運用

親子遊戲治療適用於相當廣泛的兒童社交、情緒及行為問題。親子遊戲治療可以處理的問題包括焦慮、憂鬱、對創傷事件的反應、退縮、與手足或同儕的互動問題、攻擊行為、注意力缺陷問題、對立行為、拒學、遺尿／遺糞、強迫行為、對虐待的反應，以及依戀困難。對各種族群的特殊應用在第 107 到 116 頁會有討論。

親子遊戲治療也可以作為預防方法。它可以促進健康的兒童心理社會發展、強化親子關係、提供父母有效的教養技巧，並且增加

父母的合作能力。許多家庭都很享受於執行親子遊戲治療單元，因為它可以改善家庭關係、預防潛在的問題，並且可以共度愉快的時光。

由於親子遊戲治療的應用性相當廣泛，指出不適用的情況說不定還比較容易。有三種一般情況可能不適合將親子遊戲治療列為一開始的治療模式。首先，不應該將親子遊戲治療運用於無法理解相關技巧的那些父母。親子遊戲治療在修改之後或許可以幫助這類父母學會更了解孩子或更懂得與孩子一起遊戲，但是對這類介入的療效期待必須依照父母的能力重新訂定。

第二，若是父母過度耽溺於自己的需要而無法看到孩子的需要，那麼他們在進行親子遊戲治療之前可能需要自己先接受治療。舉例來說，因最近離婚而情緒受創的父母可能必須先在個別治療中處理自己的憤怒及創傷，才能重拾足夠的能量來幫助孩子。在這類情況下，孩子可能需要直接接受專業人員的遊戲治療或其他介入。等家庭恢復足夠的情緒資源再接受親子遊戲治療，可能會是比較有幫助的做法。

第三，若父母一方是兒童虐待的施虐者，親子遊戲治療就不太適用。當施虐者或是其他無法預防虐待發生的另一位父母在場，孩子不太可能會表達他最內在的感覺。孩子可能需要個別治療來修通對父母的感覺和創傷，而父母也需要有人協助。若是孩子主要的虐待議題已經化解，同時父母也準備好要學習用更健康的方式與孩子互動，親子遊戲治療就可以成功地運用在這類家庭。對於曾經性侵害自己孩子的那些父母，親子遊戲治療極少被認為是適當的治療方式。

 **評估過程**

完整的評估有助於治療師正確找出問題，並且引導他們為個案的需要找出最適合的治療方式。Gitlin-Weiner、Sandgrund 與 Schaefer（2000）描述了遊戲診斷及評估方法，在此僅作簡單敘述。對親子遊戲治療來說，三步驟評估過程很恰當，當然其他型式也是可接受的。

第一步是單獨與父母會面。治療師同理地傾聽父母來此的原因、探索主述問題，並且取得兒童及家庭完整的發展和社交史。治療師也可以施測一些問卷、行為量表或前測測驗。盡可能對兒童的身體、社交、情緒、認知等發展及功能獲得一個完整的樣貌。第一次會面時協助父母投入的過程，在 VanFleet（2007）的 DVD 裡面有完整說明。

在第一次會面結尾時，治療師總結父母的擔心、分享對父母的初期反應、建議所需的介入，並且引介評估的第二步——家庭遊戲觀察。治療師說明家庭遊戲觀察是由整個家庭成員一起遊戲大約 20 到 30 分鐘，而治療師透過單面鏡或閉路電視觀看，或是安靜地坐在房間角落觀看。這麼做的目的是讓治療師有機會觀察標的孩子（target child）與家庭成員的互動，並且在事後與父母討論所觀察到的行為及互動與在家中發生的情況有多接近。最後，治療師建議父母對所有孩子解釋全家將要到一間特別的遊戲室一起玩一小段時間，但是要避免讓孩子覺得自己是因為行為表現差或是有心理問題，才需要被帶去看某個專業人員。

第二次會面要做的就是家庭遊戲觀察。在與孩子見面並閒談一下之後，治療師帶家庭到遊戲室，然後透過單面鏡或是在房間角落中安靜地觀看。治療師觀察家庭，留意他們以下的模式、力量及可能問題（L. F. Guerney, no date）：

1. 標的孩子與每位父母的互動。
2. 標的孩子與每位手足的互動。
3. 所有孩子與雙親的互動、互動的程度，以及是否零互動。
4. 家庭中或手足中誰負責控制。
5. 標的孩子欲達到目標所運用的方法。
6. 父母控制孩子所使用的方法。
7. 標的孩子的口語及非口語情感表達，以及感覺的可能來源。
8. 標的孩子的一般行為——他／她做了什麼。
9. 標的孩子或手足在神經學上或其他不尋常的徵象，例如，易分心、說話困難或動作協調問題。
10. 標的孩子與其他人有問題的互動。（p. 69）

在第三步中，治療師再次單獨與父母會面。父母比較家庭遊戲觀察與孩子在家中的行為之間的異同，治療師則分享自己的觀察並且問些問題。接下來治療師對急迫的問題提供短期內可做的指引，並且對治療做詳細推薦，同時將這些推介與父母所陳述的擔心連結起來。

推薦親子遊戲治療

　　在對父母推薦親子遊戲治療時，治療師要討論用這個方式來處理父母所擔心問題的可能好處。必須確保父母能了解遊戲對健康兒童發展的重要性。在強調必須「長大並且嚴肅看待一切」的文化裡，可能有些人很難理解遊戲為何對生活有其重要性。治療師討論親子遊戲治療的過程，強調順序包括訓練父母、有督導的遊戲單元、將遊戲單元轉移到家中、額外的父母技巧及介入應用，以及逐步收尾。父母必須對親子遊戲治療所需要的時間和努力做出承諾：3 到 6 個月內每週或每兩週進行一次治療單元，同時在治療期間甚至治療結束之後都需持續每週執行遊戲單元。

　　親子遊戲治療師必須以敏銳的方式回應父母對此推薦所提出的問題。在進一步提供說明或原理之前，同理的傾聽技巧可以用來展現對父母所擔心事物的了解。治療師要鼓勵父母表達自己感受到的任何懷疑，以便能夠以開放的方式加以處理。VanFleet（2007）的DVD 對此也有說明。

　　此時治療的具體目標已經找到並且排出優先順序。治療師在過程中必須將父母看成夥伴。對兒童及親子關係訂出具體目標，有助於為治療找到方向以及評估進展的方法。至於「家庭作業」，藉由參考 *A Parent's Handbook of Filial Therapy*（VanFleet, 2012a）或其他書籍關於親子遊戲治療的原理、目標及過程，有些父母可以從中獲益。

案例研究：泰勒一家人

　　卡蘿和艾德·泰勒由於 7 歲女兒潔西出現問題而被二年級老師轉介來接受治療。老師陳述潔西有幾個問題：霸佔老師太多時間、對老師頂嘴、取笑和欺負同學，以及與同儕疏離。

　　卡蘿是中學老師，艾德是會計師，兩人已結婚 10 年。除了潔西以外，他們還有另一個 4 歲兒子賈許。卡蘿和艾德自認婚姻生活還算快樂，但會為了孩子的管教問題吵架。艾德認為卡蘿的管教太嚴格，對孩子有太多的嘮叨和控制。卡蘿則認為艾德管太鬆又不投入，把管教的責任都丟給她。

　　父母雙方都承認潔西的行為在過去幾年來一直在惡化。她越來越反抗父母，也不斷嘲笑賈許。她在過去半年以來已經弄壞許多賈許的玩具。他們認為潔西是一位教唆者，不斷地惹麻煩。卡蘿曾經接受行為矯治的訓練，也對潔西使用過行為方案，但是他們越給她關注，她的行為就越糟。卡蘿記得有幾次在她讚美潔西可以跟弟弟安靜地一起玩之後，潔西立刻動手打她弟弟並且搶奪他的玩具。

　　艾德和卡蘿描述賈許是一個快樂的孩子，即使姐姐經常取笑他，他還是會找她玩。若是她拿走他的玩具或是戳他、捏他，他會哭但很少打回去。他們擔心他也容許同儕用同樣的方式來欺負他。兩個孩子的身體狀況都相當良好。

　　父母說潔西在賈許出生之前沒什麼問題。賈許是一個比較難帶的孩子，佔據他們許多關注時間。父母承認可能在賈許還是嬰兒的時候忽略了潔西。剛開始父母也曾試圖讓潔西一起照顧賈許，但是

她一直對他那麼壞，最後父母還是盡量讓她離他遠一點。他們很擔心是自己的忽略造成潔西目前的行為問題。他們認為潔西不快樂，自尊也很低，而且她經常對父母說她討厭自己。

在家庭遊戲觀察中，我（治療師）留意到潔西有幾次拿標槍要射賈許。卡蘿每次都斥責她，但都沒有遵照她所說的後果來執行，直到最後才把槍放到潔西拿不到的位置。卡蘿指正了潔西好幾種情況，並且扮演保護賈許的角色。每當賈許對某個新玩具感到興趣，潔西經常會搶來玩。賈許通常不太會抗議，此時卡蘿通常會介入，把玩具拿回來給賈許。艾德坐在房間的角落，很有興趣地看著其他人，但對遊戲顯得抽離。有幾次艾德叫賈許來玩他旁邊的玩具，賈許通常會短暫地留在他身邊，然後又去探索遊戲室。

艾德和卡蘿認為家庭遊戲觀察與他們在家中的行為頗為類似。我們進一步討論艾德口中所說潔西和卡蘿之間的「權力爭奪戰」。卡蘿和艾德很希望能夠消除潔西的問題行為，也希望能夠重建他們和潔西的關係。我向他們推薦親子遊戲治療，理由是問題由來已久、潔西在處理許多情緒方面（不安全感、嫉妒、攻擊及低自尊）有明顯困難、艾德和卡蘿想要有更一致的管教，以及他們想要強化與潔西的關係。他們同意試試看。

5

親子遊戲治療的
父母訓練階段

　　經過評估階段之後，父母已準備好要學習執行特別遊戲單元所需的技巧。親子遊戲治療師介紹遊戲單元所運用的四種主要技巧、示範它們，然後指導父母循序漸進地練習困難度逐漸增加的練習。治療師必須持續在單元中親自示範這些技巧。

　　以下將描述四種基本技巧，描述方式與治療師對父母的說明雷同。〔比較不熟悉兒童中心遊戲治療的讀者可參考 *Child-Centered Play Therapy*（VanFleet et al., 2010）或同名的 DVD（VanFleet, 2006a），書中或 DVD 裡面所詳細描述的遊戲單元技巧類似於親子遊戲治療教給父母的技巧。〕以下內容會涵蓋治療師訓練父母的過程，以及在這個治療階段有時候會出現的問題。

親子遊戲治療的基本技巧

❧ 場面構成 ❧

　　場面構成技巧（structuring skill）的重要性在於幫助兒童了解遊戲單元的整體架構，並且幫助他們避免可能的問題。場面構成可以對兒童傳達一般的界限，同時又保持一種歡迎的氛圍。孩子從場面構成知道，他們可以在遊戲單元中自由地按照自己的意思玩，但假如不尊重界限的話，父母還是可以展現權威。場面構成也幫助孩子分辨遊戲單元的特殊開放環境與較多限制的日常生活之間的差別。最後，治療師在遊戲單元接近尾聲的時候會告知孩子，這樣的場面構成讓孩子有機會用對他們有意義的方式結束遊戲。（經常出現的情況是在知道時間快結束時，孩子在遊戲單元最後幾分鐘有戲劇性的改變。）

　　親子遊戲治療師要對父母說明場面構成的原理，並且教導父母在進到遊戲室的時候該對孩子說什麼、如何處理上廁所問題，以及如何結束遊戲單元並離開遊戲室。

｜進入遊戲室｜

　　父母學習在進入遊戲室之前對孩子說一項簡單的訊息：「（孩子的名字），這是一間非常特別的遊戲室，你可以在這間遊戲室裡做幾乎所有你想做的事情，假如有某些事不能做，我會告訴你。」

| 上廁所 |

治療師可以對父母解釋，只要進遊戲室前先讓孩子上廁所，這樣的干擾通常就可以避免。然而，假如孩子要求上廁所，父母可以告訴孩子說他可以離開遊戲室去廁所一次。孩子回來遊戲室時，父母可以說：「你現在回到這間特別的遊戲室了。」這麼說是為了讓遊戲單元的界限清楚。

| 離開遊戲室 |

父母要學習在遊戲單元接近尾聲的時候給予孩子兩次時間預告。單元結束之前 5 分鐘，父母要說：「（孩子的名字），我們今天在遊戲室的時間剩下 5 分鐘。」單元結束之前 1 分鐘，父母再次說：「（孩子的名字），我們今天在這裡還可以玩 1 分鐘。」在單元結束時，父母用愉快但堅定的口氣說：「（孩子的名字），今天的時間到了，我們現在必須離開遊戲室。」

親子遊戲治療師也應該教導父母如何處理孩子抗拒或延遲離開遊戲室。父母首先學習反映孩子的感覺，然後堅定地重申時間已經到了。父母也可以透過站起來這種身體語言，來表示遊戲單元已經結束。假如必要，父母可以輕輕地拉著孩子的手或肩膀，帶著他離開遊戲室。父母的態度從接納變成堅定和決斷，立刻和孩子走到門邊，然後帶著他走出遊戲室。

❧ 同理式傾聽 ❧

親子遊戲治療師也教導父母有關同理式傾聽的技巧。治療師說

明這個技巧有助於他們以一種接納孩子感覺和需要的態度，對孩子表達敏感及了解。同理式傾聽技巧也：(1) 顯示父母對孩子感興趣；(2) 讓孩子有機會釐清父母對孩子意圖和感覺的誤解；(3) 提供孩子一些對感覺的標示用語，進而增加孩子以建設性的方式表達感覺的能力；(4) 幫助孩子接納自己，因為他們覺得被父母接納。

父母學習在遊戲單元中給予孩子全然的關注，並且使用自己的話來大聲重述遊戲內容（孩子正在做的事情），以及特別是孩子表達的主要感覺。治療師運用例子和簡單示範來說明傾聽技巧。治療師可以說：「假如你女兒拿著她畫的一幅畫笑著對你說：『你看我的畫，很棒對不對？』你可以同理傾聽，然後說：『妳真的以妳的畫為榮。』這樣會透露出一種訊息，就是以自己為榮是一件好事，這可以幫助她建立自信。」

治療師接下來要教導父母如何以一種對孩子傳達真正在意，但卻又不具有掌控或帶領的方式來為自己的同理式傾聽找出節奏。治療師可以解釋孩子遊戲活動的內容反映類似運動播報員的實況報導。治療師要強調的是，要以一種簡短、正確且自然聲調的方式確認及反映孩子的情緒。父母也要學習如何以一種不干擾且能表現關注的方式，在房間裡隨著孩子做身體上的移動。

❧ 兒童中心想像式遊戲 ❧

雖然許多父母定期與孩子遊戲，然而他們常常會用相當指導性的方式玩，會鼓勵孩子玩某些玩具，或是要他們玩一些有教育性質或父母感興趣的遊戲，這些父母可能會說：「我們來玩這個遊戲……」另一些父母基於各種原因而很少跟孩子一起玩，或是難以

投入假扮遊戲當中。兒童中心想像式遊戲技巧教導父母如何扮演孩子可能會要求他們扮演的各種角色，以及在這麼做的時候如何跟隨孩子的帶領。

使用電影製作的比喻可以幫助父母了解他們在孩子的想像式遊戲中的角色。孩子是遊戲中的演員兼導演；父母是孩子指導下的男演員或女演員，由孩子來決定演出什麼角色。孩子決定父母是否有角色演出、替那個角色寫劇本，並且指定父母如何演出。治療師要求父母避免問一些關於角色的問題，因為孩子可能難以將遊戲想法訴諸語言，而且要回答這些問題也會讓孩子分心。父母反而應該仔細關注孩子的口語和非口語溝通，而且在扮演被指定角色的時候應該考量到遊戲的脈絡。一旦父母掌握了技巧，他們在投入與孩子一起的想像遊戲過程中不但會增加自在度，也會對孩子的線索（有時候並不明顯）更加敏感。在演出想像角色時並不需要運用同理式傾聽，因為那樣可能會造成他們的困惑。同時運用兩種技巧基本上並沒有錯，重點是跟隨孩子的帶領。假如孩子已經要求父母扮演某個角色，父母就要學習努力專注在那個角色上面，直到孩子的遊戲轉移到其他地方去。透過與孩子更主動的同理連結，父母就能夠進一步促進孩子在遊戲中主題素材的表達。

❧ 設限 ❧

許多父母覺得設限技巧很難做到。兩個極端是：(1) 有些父母極少設定可以實施的限制；(2) 有些父母只知道設限，然後實施大聲、急切或怒罵的後果。處在這連續向度上的兩個極端的父母，通常都會覺得孩子處在掌控的位置。

　　介於這兩個極端之間的是覺得很難達到一致性的那些父母——不管是雙親之間的一致或是在不同日子之間的一致。這對父母的自尊可能是一個敏感地帶。親子治療師若能安撫父母說並不期待百分之百一致，但一致是一個重要目標，這樣就更能教導及強化父母運用設限技巧。

　　父母必須了解到掌握設限很重要。設限可以提供孩子界限，這對孩子的安全感很重要。孩子或多或少會自覺缺少經驗，也感到脆弱，若是他們發現對成人照顧者獲有控制權，他們的脆弱感可能會增加。同樣地，若父母不斷地用後果來威脅孩子，但之後卻沒有執行後果，那麼父母就是在毀壞孩子對他們的信任。孩子可能學到不能相信父母所說的話。父母通常無法以這些脈絡來思考設限問題。一旦治療師能夠涵蓋這些概念，父母通常會更願意改善他們的技巧。

　　在說明設限的原理時，治療師也要涵蓋以下要點：

1. 設限有助於孩子學到，假如他們選擇破壞先前已警告過後果的某個限制，那麼他們必須為發生在自己身上的事情負責。

2. 在遊戲單元中，父母要盡量將限制維持在最少數量，這有助於孩子記住這些限制，也可以增進自由表達感覺的氛圍。

3. 在決定限制時，父母要考量限制對孩子的安全、他人的安全，或是對保護有價值的玩具或財產是否必要。

4. 必須盡可能一致地陳述及實施限制，這樣孩子才能了解到父母「是說真的」，將有助於孩子減少測試行為。

親子遊戲治療師一開始用發生在遊戲單元中的簡單型式來教導設限技巧。在親子遊戲治療中所有的破壞限制都適用相同後果。在兩次自我改正機會之後，假如孩子繼續破壞所定的限制，孩子就必須離開遊戲室，單元也就到此終止。這個後果很快地顯示出，父母有最終控制權，也重建被毀壞的父母權威。遊戲單元的限制內容取決於設備，但通常包括：

1. 孩子不可以把任何東西丟向窗戶、玻璃或鏡頭。
2. 蠟筆不可以畫在牆壁、沙發或黑板上。
3. 尖銳的物品或硬頭鞋不可以用來戳、丟向或踢充氣式不倒翁。
4. 最多只能上一次廁所，其他時間不能離開遊戲室。
5. 上膛的標槍不可以朝向或射向他人。
6. 孩子不可以破壞有價值的物品或玩具。
7. 父母可以設定個人的一些限制，但越少越好（例如，不可以跳上父母不太能夠撐重的背上；不可以把整桶水倒到父母身上）。

父母要學習在遊戲單元中的三步驟：陳述限制、給予警告，以及實施後果。

| 陳述限制 |

一旦孩子破壞或是顯然即將破壞遊戲室的某個限制，父母就用一種簡短、清楚又具體的方式說出限制。聲調應該和藹但堅定，且帶點強制力。父母叫孩子的名字，反映他想要做被禁止行為的渴望，然後陳述限制。在這之後，父母重新場面構成，同時允許

孩子重新引導（redirect）自己的遊戲。舉例來說：「（孩子的名字），你很想要用槍射我，記得我曾說過我會讓你知道有些事不能做嗎？其中一件事就是槍上膛時不能對著我。不過，其他幾乎所有的事你都可以做。」父母不要太過具體地告訴孩子如何重新引導他的遊戲，也要讓重新引導的陳述很一般化，藉此允許孩子自行解決如何重新引導自己的能量及渴望。這樣可以幫助孩子學習更有責任地處理自己的衝動。假如破壞限制已經迫在眉睫，父母可以省略陳述的同理部分，握住孩子的手，然後說出限制。假如孩子可配合限制但嘴巴抱怨著，此時父母可轉而運用同理式傾聽技巧。

| 給予警告 |

假如孩子破壞父母已經說過的限制（也就是行為在單元中出現第二次），父母就要給孩子警告。做法是父母重新陳述限制，然後告訴孩子假如他又破壞限制（例如離開遊戲室），接下來將會發生什麼事。這樣是讓孩子有機會選擇是否要冒著承擔後果的風險。給予警告之後，父母可以再次場面構成，也讓孩子可以重新引導自己的遊戲。舉例來說，「（孩子的名字），記得我曾說過槍上膛時不能對著我或射我嗎？假如你再一次在槍上膛時對著我或射我，我就會停止今天的遊戲時間。其他幾乎所有的事你都可以做。」

| 實施後果 |

假如孩子當天第三次破壞限制，父母就該實施離開遊戲室這個後果。做法是父母重新陳述限制，然後執行在警告時所說的後果。要使用和緩但堅定的聲調。必要時父母可以帶領孩子離開遊戲室，做法類似孩子在單元結束時抗拒離開遊戲室的處理過程。這個過程

幫助孩子學習到，他必須為自己的選擇和行為以及附帶的後果負責。舉例來說，「（孩子的名字），還記得我曾說過假如你槍上膛時對著我或射我，我們就會離開遊戲室嗎？既然你選擇了射我，我們就必須離開，而且是現在。」孩子以這種方式離開遊戲室時可能會發脾氣，父母也要學習忽略它。

假如在後續的單元中孩子破壞先前遊戲單元所陳述的限制，父母就從設限技巧的第二步開始進行，也就是預告孩子該限制，並且警告孩子再次破壞限制會有何後果。若是屬於新的違規，父母就從陳述限制這第一步開始，並且對孩子的遊戲做重新引導。

親子遊戲治療訓練過程

親子遊戲治療師在教導父母技巧時會運用許多訓練方法，包括簡短講課、示範、模擬、角色扮演、技巧練習、建設性回饋，以及增強。在兩次單元之間，治療師可以要求父母閱讀 *A Parent's Handbook of Filial Therapy*（VanFleet, 2012a）的部分章節。

第一次向父母推薦親子遊戲治療時，治療師不僅要討論推薦的理由，也要向父母說明遊戲單元的概況以及將會學習到的教養技巧。治療師描述四種基本的遊戲單元技巧——場面構成、同理式傾聽、兒童中心想像式遊戲，以及設限，也討論它們對孩子的發展及主述問題的重要性。隨著這個討論，治療師訓練父母運用接續的三個階段：(1) 遊戲單元示範；(2) 對父母的初期技巧訓練；(3) 模擬遊戲單元的練習。以下段落會描述這三個訓練階段。這個訓練過程有錄影實例可供參考（VanFleet, 2006b, 2008）。

❧ 遊戲單元示範 ❧

　　為了讓父母對親子遊戲治療有更清楚的印象，治療師要對家中每個孩子（大約 3 到 12 歲）執行遊戲單元，而父母觀察整個過程。觀察最好是透過單面鏡，但也可以坐在打開門的遊戲室外面，或是透過電子遙控設備在另一個房間觀看。如有必要，父母也可以坐在遊戲室的角落觀察。在最後面這種情況下，治療師要告訴父母在觀察以及寫紀錄或疑問的時候不要打擾孩子。讓父母在房間內觀察有時會出現一些非預期性的好處。在與治療師遊戲的時候，孩子經常會朝父母那裡看、展示東西給他們看、和父母說話，或甚至要求父母跟他一起玩。治療師繼續遊戲單元，幫助父母維持在觀察者角色，但是稍後可以與父母討論孩子想獲得父母關注的渴望，藉此向父母顯示他們對孩子有多重要，進而讓他們更有動機投入遊戲單元中。

　　遊戲單元示範一般需要使用一整個單元。家庭如果不只一個孩子，理想上最好由雙親同時觀察每個孩子的遊戲單元示範，可是這種做法需要治療師另外找人來協助監督尚在等候遊戲單元的孩子。因此，另一種做法是父母之一觀察一個遊戲單元示範，另一位父母則看管其他孩子，等到治療師示範另一個孩子的遊戲單元時，父母的角色再交換。只要每位父母能夠觀察到至少一個孩子的遊戲單元，其他的變通方式也都可以被接受。

　　假如孩子在遊戲單元示範時破壞限制，治療師可能會需要設限並實施後果，同時必須事先將這種可能性告知父母。儘管將孩子帶離遊戲室的情況極少發生在遊戲單元示範，每一位治療師仍然需要

做好準備。假如孩子在離開遊戲室時出現攻擊情況（打或踢），治療師可以對父母示範限制孩子的適當方法。

　　治療師對每個孩子執行大約 15 到 20 分鐘的短暫兒童中心遊戲單元。若是家中有超過兩個孩子，時間還可以再縮短一些。在示範之後，治療師與雙親單獨會面來討論他們的疑問、擔心及觀察。假如沒有人可以看管孩子，治療師可以將討論延到下一次單元，不過示範之後的匯報是頗重要的一件事。

　　治療師邀請父母分享他們的評論和疑問、同理式地傾聽他們、回答關於遊戲單元的問題，並且分享自己對遊戲單元的反應。治療師也要指出在遊戲單元中示範了哪些技巧。

❧ 初期的父母訓練 ❧

　　親子遊戲治療的下一個階段是訓練父母有關場面構成、同理式傾聽、兒童中心想像式遊戲，以及設限等技巧。治療師必須描述每個技巧的原理和方法，而且盡可能運用實例來說明。藉由指出遊戲單元示範中所出現的例子，治療師就可以強調這些技巧。

　　治療師運用短暫地玩一些玩具，而給予每位父母練習同理式傾聽的機會。舉例來說，治療師可以把積木堆得越來越高，同時協助父母說出對內容的反映，例如：「你把另一塊積木堆上去……又另一塊……現在你又堆上去一塊……你堆得好高。」治療師接下來可以把積木推倒，同時臉上充滿笑意，並發出「哇」的聲音。假如父母沒有提供對情緒表達的反映，治療師可用以下的句子來預告他們：「你們覺得我有什麼感覺呢？」用諸如「把它們推倒好好玩喔……你會喜歡！」治療師就可以協助父母對感覺做同理式傾聽。

　　治療師可以持續這樣的練習，直到每位父母都能夠對內容及感覺做出基本的回應。在每一次嘗試之後，治療師要讓父母有機會討論運用這些技巧的感受，並且容許他們問問題。

　　行為及學習原則在此很重要。在給父母回饋時，治療師清楚地運用正增強。形塑原則也很重要。治療師必須了解父母是在學習一種新技巧，因此必須增強他們在正確方向上的每一個步驟。對父母技巧表現方面的期待，只能設定在比他們目前的能力稍高一點而已。

　　矯正性的回饋要很小心運用。治療師一次只要給父母一兩個需要改正的建議。舉例來說，治療師可以用下面這個方式給父母回饋：「我真的很高興聽到你說我（在孩子的角色）推倒積木時很開心，那很棒，因為你有留意到我的感覺。我第一次堆積木時，你似乎相當安靜，因此下一次我希望你試著更常大聲描述我的動作。你當然有很好的想法；我只是想看你多做一點而已。那會幫助孩子知道你仍然關注並接納他的遊戲。你對這點有任何疑問或想法嗎？」

　　透過訓練過程，每當父母表達他們的感覺和擔心，治療師要主動運用同理式傾聽技巧來傳達對父母的了解和接納，並且示範它的運用。

　　在此訓練階段中，治療師不僅要涵蓋四種基本技巧，也要討論如何處理孩子在遊戲單元中可能出現的負面反應或問題。父母要學習以同理的方式傾聽孩子表達的負面感覺，例如，孩子在父母設限之後顯得生氣。治療師要強調父母如何表現對感覺的接納，同時又堅定地對孩子的行為設定及實施限制。設想孩子在被告知蠟筆不可以用來在牆上畫畫後就把蠟筆丟掉，治療師可以示範該說些什麼：「不能用蠟筆在牆上畫畫讓你很生氣」或是「我不讓你那樣做讓你

很生氣」。父母也要學習到，儘管他們接納孩子的生氣感覺，假如孩子仍然又想要塗在牆上，他們還是要堅守設限的程序。

　　孩子有時候在遊戲室裡會問問題，治療師要教導父母如何對問題的意圖做同理式傾聽，而非做出自動化的回答。舉例來說，假如孩子問：「還可以在遊戲室玩幾分鐘？」父母可以回應：「你玩得很快樂，不喜歡時間到。」或是「你想知道是不是還有很多時間可以玩。」假如孩子堅持要一個答案，或是似乎無法繼續玩，那麼父母可以學習給一個簡單、非指導式的答案。舉例來說，假如孩子停止遊戲，又繼續問：「嗯，還有多少時間？」父母可以回應：「還剩下滿多時間，你很想確定你是否可以留在這裡更久一點，時間快到時我會讓你知道。」盡可能不要給予確定的時間，以便保有單元的非指導式氛圍，並且避免孩子被時間干擾。假如孩子持續堅持要確定時間，最後父母可以給，但同時要反映潛藏議題、孩子對不知道確定時間的焦慮，或是對不能控制遊戲單元時間限制的不舒服。

　　父母必須學習用這種反映、非指導式的方法來處理問題，特別是當孩子經常以下面方式期待父母指導時：「媽，我可以玩這個嗎？媽，教我怎麼用它。」治療師要教導父母回應這類要求背後的感覺及動力，例如：「你想知道你可不可以這樣玩，有時候你很難自己決定。」

　　這個初期訓練階段通常可以用一次單元完成。

❧ 模擬遊戲單元 ❧

　　在下一個訓練階段中，父母單獨與治療師（扮演孩子的角色）練習執行遊戲單元。治療師運用形塑原則為父母控制困難程度。每

位父母的第一次模擬遊戲單元持續約 10 到 15 分鐘，而治療師通常扮演單純且行為良好的孩子角色。

親子遊戲治療師要小心選擇模擬單元的遊戲內容，同時考量到下面幾點。首先也是最重要的一點，治療師扮演的方式要能夠稍微挑戰到父母的技巧，但不要讓他們承受不住。困難的程度要安排好，以便讓父母有成功的第一步。換句話說，治療師在模擬單元的期待必須吻合父母的能力。

第二，治療師扮演孩子的方式要讓每位父母練習到遊戲單元的所有重要層面：進入遊戲室；用同理傾聽各種遊戲風格，包括輕微攻擊性的遊戲；演出由孩子指定的簡單想像式遊戲；處理至少一次破壞限制；給予 5 分鐘和 1 分鐘預告；以及離開遊戲室。

第三，治療師挑選出幾個與家庭的主述問題有關的遊戲主題。由於先前已經觀察過孩子、也與孩子互動過，治療師通常對孩子可能出現的行為有些概念。舉例來說，假如其中一個孩子玩得頗有攻擊性，而且父母表達擔心孩子的行動外化行為，治療師就可以在模擬遊戲單元中給父母額外練習設限技巧。然而，在扮演時並不是要努力「成為」家庭的真實孩子，因為那可能會讓主軸脫離技巧獲得的這個訓練焦點。

第二次也是在持續 10 到 15 分鐘的模擬遊戲單元中，親子遊戲治療師根據父母對技巧的掌握程度來調整困難程度。第一次模擬單元中表現比較弱的技巧就需要進一步的練習，而治療師也必須確認父母即使在面對更有挑戰性的孩子行為時仍能保持接納態度。治療師也可以挑戰父母的極限，讓父母有更多機會可以投入假扮遊戲當中。重要目標是確保父母能夠以吻合兒童中心遊戲治療原則的方式來處理遊戲單元中常見的事件。通常兩次模擬單元就已足夠，但若

是父母對任何一種基本技巧或概念有困難，或是孩子的主述問題特別強烈或困難，治療師可能必須運用超過兩次單元。舉例來說，若是被領養的孩子有嚴重的依戀和行為問題，領養父母可能就需要第三次模擬遊戲單元，而第三次單元可能更聚焦於運用技巧來處理非常困難的孩子行為或是強烈的痛苦或創傷相關情緒。

　　在每次模擬遊戲單元當中或之後，治療師對父母的督導回饋相當重要。對每位父母要有個別化的回饋。在模擬單元中，治療師可以短暫脫離角色，以便給父母某些立即回饋。這樣可以促進技巧的發展，並且減輕父母的表現焦慮。舉例來說，治療師可以立即說：「那很棒！你充分看到我的挫折感」或是「那樣就對了——當我槍上膛卻指著你時，你需要設限，但我希望你更具體指出我不可以做什麼，比如說一些像是『槍上膛時不可以指著我』之類的話。你可以再試一次看看嗎？」接下來治療師就立刻回到孩子的角色。

　　在每次模擬遊戲單元之後要給予更廣泛的回饋。親子遊戲治療師要讓父母有機會討論他們對模擬單元的反應，也要運用同理式傾聽來傳達對他們感覺的接納與了解。接下來治療師對父母的技巧運用給予具體回饋。此時應該多使用正增強。治療師要盡可能具體總結父母做得好的部分，例如：「我留意到有幾次你正要建議我玩別的玩具時就先停下來。要改變平常和孩子的互動方式真的很難，但是你做得很棒。」治療師也建議一兩處父母可以改善的地方。舉例來說：「你在我表達高興的時候傾聽得很好，但我很生氣地打充氣式不倒翁時你好像很安靜。那可能會給孩子一種感覺，也就是你並不贊同那些生氣的感覺。下一次，我希望你能試著多反映一些負面或攻擊感受。舉例來說，當我在打充氣式不倒翁時，你可以說：『你真的很生氣，你想讓他知道誰是老大。』你對這個有任何疑問

或擔心嗎？」對於父母不確定技巧或過程是否正確，治療師總是保持接納的態度，這樣可以讓父母感到安心。

一旦父母能夠在模擬遊戲多數時間中保持同理式傾聽，能夠在想像式遊戲中跟隨治療師（孩子）的帶領，並且能夠運用三步驟過程來設定某些限制，那麼父母就已經準備好要開始在督導之下對自己孩子執行遊戲單元了。此時父母的技巧不用到「完美」，而且進到下一步的決定要由治療師和父母共同決定。對於個人或配偶，親子遊戲治療的基本技巧訓練期間通常持續數次單元，但對於六到八位父母的親子遊戲治療團體而言，時間約需 2 個月（L. F. Guerney & B. G. Guerney, 1987）。

 ## 訓練階段的常見問題

親子遊戲治療的訓練階段最常見的問題包括技巧的獲得有困難、父母沒耐心延遲處理孩子的某些問題，以及父母無法確定自己對親子遊戲治療的能力是否足夠。治療師必須以絕佳的接納及耐心來處理所有這些問題。

在技巧獲得期間，父母經常掙扎於不能指導孩子遊戲、難以確認孩子的感覺、對想像式遊戲有困難，或是在設定及實施限制時缺乏效率。能夠幫助父母掌握技巧的方法包括父母多做練習、治療師多給鼓勵、具體的增強、改善的建議，以及鼓勵。模擬遊戲訓練單元期間的輕鬆氣氛也有助於學習。

父母前來接受治療時經常期待可以快速解決孩子的問題。雖然有些問題可以在很短的時間內解決，但是較複雜的問題則否。親子

遊戲治療並不是提供一種快速的修復方法。親子遊戲治療師鼓勵父母說出延遲處理孩子問題時的內心挫折，也仔細傾聽他們，並且有耐心地解釋一旦問題已經存在數月或數年，就不太可能立刻解決。根源在情緒的問題時更是如此。治療師建議運用行為介入可能有助於減少某些這類壓力，但還是要強調若是父母能夠學習與孩子互動的新技巧或方式，就會有更長久的助益。

對於父母不確定自己的學習能力方面，治療師處理的方式是展現對父母感受的了解，並且幫助父母正確地看待學習過程。將它類比於其他類型的技巧發展可能也有幫助。多數父母一定記得第一次學開車時的笨拙，但學會開車之後連想都不用想就可以開車。學習新的教養技巧也是遵循相同原則，練習越多就越自動化。

父母對親子遊戲治療過程的懷疑必須公開處理。同樣地，治療師必須仔細傾聽，不要出現防衛反應。一旦父母能夠相信治療師真正了解他們的擔心，他們通常就會願意進一步傾聽親子遊戲治療可能帶來的助益。

案例研究

在遊戲單元示範中，潔西玩了許多種玩具，但比較集中在玩充氣式不倒翁和標槍。她的遊戲在整個過程中都很主動。她曾經對我（治療師）射標槍，但在我設限之後有收斂。賈許的遊戲單元展現了探索遊戲，同時對廚房區域以及與我講電話很樂在其中。我能夠示範所有四種基本技巧：場面構成；對兩個孩子做同理式傾聽；與賈許用電話做想像式遊戲；以及對潔西和標槍做設限。卡蘿和艾德

都能夠觀看這兩個單元。在我們討論技巧以及孩子的遊戲時,我注意到在我對潔西說標槍上膛時不能指著我之後,她並沒有嘗試挑戰限制。父母雙方都對這個過程感興趣,我們同意持續訓練階段。

在模擬遊戲單元中,艾德看著我在房間裡面走動並且正確反映我的感覺。多數時間他相當安靜。我成功地增強他對我的情緒做同理式傾聽,因此我建議他只要試著多做一些即可。他似乎受到鼓勵,因此在第二次模擬單元中就做得更好。

卡蘿能夠反映我所表達的正向感覺,並且在想像式遊戲中很能夠跟隨我的帶領。然而,她似乎難以面對我所表達出來的攻擊或負面情緒。在我用力打充氣式不倒翁或是用攻擊方式玩娃娃家族時,她只是不發一語地看著。我用上膛的標槍指著她,她說:「你不可以那樣做。」

隨後我們討論了模擬單元,她表達對攻擊性遊戲有些不舒服。她想到與潔西的遊戲經驗,擔心有攻擊性的玩具以及同理式傾聽可能會刺激而非減少潔西的壞行為。在仔細傾聽她的擔心之後,我解釋或許我們在遊戲單元中會看到潔西的攻擊性遊戲增加,但是一旦她修通她的議題,同時卡蘿和艾德對自己的設限更有信心之後,這類問題就會減少。我們也花了些時間討論攻擊的本質。我強調情緒(正向或負面)都是我們的一部分,而重點是學習用語言和行為適當地加以表達。遊戲單元可以提供一種安全、包容的環境,讓潔西在此環境中可以學會如此做。卡蘿似乎還滿意這樣的解釋。

在對卡蘿回饋她的技巧時,我成功地增強她的想像式遊戲,以及她對我正向感覺的反映。我也增強她在我玩得很有攻擊性的時候沒有出面指正我。我用幾個例子告訴她如何反映我的負面情緒。我也增強她在對我設限時的迅速及音調,但指出她需要更具體說出我

不能做什麼。我們用更多例子來做設限的練習。她在第二次模擬遊戲單元時改善許多，儘管在對攻擊情境做同理式傾聽時仍有些猶豫。

對泰勒一家人的訓練期間，包括遊戲單元示範、初期訓練，以及艾德和卡蘿各一次模擬單元，總共花了四次各 1 小時的會面時間。

6

父母的初期遊戲訓練

 ## 做好父母的準備

　　一旦訓練階段已經完成，親子遊戲治療師要為父母做好與孩子第一次遊戲單元的準備。治療師要回答父母可能出現的所有疑問，然後討論父母在遊戲單元期間對孩子的期待。假如孩子在家庭遊戲觀察或遊戲單元示範中出現攻擊性的遊戲，治療師就要確認父母了解如何對攻擊主題做同理式傾聽，以及如何有效地設限。雖然已經討論某些可能出現的問題，治療師還是要指出不可能完全預測孩子會對與父母一起的遊戲單元怎麼反應。也要告知父母，假如他們在第一次遊戲單元中出現麻煩，他們永遠還有一個選項，就是提早給予 5 分鐘預告，然後結束單元。治療師也對父母保證他會全程觀察，真正必要時他會介入。治療師也要強調父母在訓練單元所發展出來的技巧程度，以便鼓勵他們並展現對他們的信心。

督導初期遊戲單元

　　父母對孩子執行的第一次遊戲單元大約 20 分鐘；接下來的所有遊戲單元則是 30 分鐘。每次由一位父母與一位孩子遊戲，以便提供個別關注。父母盡可能在治療師的督導之下與每位孩子都有遊戲單元。治療師觀察遊戲單元，事後對父母給予督導式回饋。假如可能，父母也要觀察彼此的遊戲單元。最理想的觀察方式是透過單面鏡，但假如沒有這樣的設施，治療師和另一位父母可以從打開門的遊戲治療室外面觀察。最不得已的做法是治療師和父母在遊戲室裡面觀察，但他們所坐的角落應該要用家具或其他東西稍微區隔開來。若是正在遊戲的這對親子可以看得到治療師和另一位父母，他們在觀察時就必須留意不要造成干擾。直視孩子並寫紀錄的樣子盡量要避免，只要運用周邊視野觀察大概就夠了。電子或無線設備的進步為親子遊戲單元的遠端觀察提供了進一步的可能性。

　　親子遊戲治療師在初期親子遊戲單元中要觀察幾件事。他們要觀察父母對遊戲單元技巧的運用──包括有效的技巧運用以及尚須改善的部分。雖然這些初期單元的觀察主要聚焦在每位父母的技巧發展，治療師也要留意出現在孩子遊戲中的主題。在這個階段中，找出主題的方式包括觀察孩子的遊戲強度，或是遊戲是否一直重複或有聚焦的重點。

　　有些親子治療師發現，使用下頁例子的格式來記錄觀察筆記頗有幫助。

孩子的行為	父母的行為	評論
在房間內走動並隨意看看。	「你正在看看這個地方。」	很好！
有幾次拳擊充氣式不倒翁；注意媽媽的反應。	沒說話。	討論父母的感覺；需要有同理式傾聽。
將標槍射向電燈。	「你喜歡射那支槍。」	很棒！反映了孩子的表達和感覺。
從更遠處射標槍。	「你還在射擊。」	仍然描述行為——很好！或許可以加上「你想知道是否能從更遠處射到電燈。」
「你射得沒有我好！」	沒說話。	討論可能的傾聽回應：「你喜歡打敗我」或「你對自己的射擊感到自豪」。
		整體來說做得很好！真的讓孩子帶領！

在遊戲單元之後，治療師詳細與執行的人討論整個過程。治療師可以將觀察的另一位父母納入回饋討論中，但不要讓他或她提供建議或批評。治療師首先引出並同理地傾聽父母對遊戲單元的反應。若父母有機會先評論自己在遊戲室中的行為，並且討論他們對孩子遊戲及過程的反應，會有助於整個學習過程。接下來治療師提供具體的技巧回饋：增強父母有效運用技巧之處，以及建議一兩個需要改善之處，而且最好提到遊戲單元中具體的事件或評論。留意不要讓回饋造成父母太大負擔。在治療師的回饋完成之後，觀察的那位父母可以問一些有關遊戲單元的問題。影印一張治療師的過程

紀錄給父母，可以強化治療師和父母之間關係的開放及合作本質。

在技巧回饋之後，討論轉向單元中兒童遊戲的本質。親子遊戲治療師逐漸協助父母對孩子遊戲的象徵性及可能的意義獲得更多的了解。不同理論取向的治療師可能對遊戲象徵的詮釋有所差異，但各種學派的想法都可以與親子遊戲治療有所整合。儘管如此，考量到親子遊戲治療的心理教育本質以及父母對心理原則的了解程度，多數親子遊戲治療師所做的詮釋都還頗貼近孩子的遊戲行為。舉例來說，他們會探尋控制、安全、同儕或家庭關係、掌握、自尊等主題，或是反映孩子如何回應現狀的其他發展議題。

在這早期階段，治療師邀請父母說出他們的擔心，並對孩子的遊戲提出疑問。在完整討論父母的議題之後，治療師指出似乎正在出現的其他遊戲主題，並且詢問父母是否留意到這些主題也出現在孩子的其他生活層面。舉例來說，假如在遊戲單元中孩子常常忽略父母的設限，治療師就要詢問父母在家裡是否也常出現這種「聽而不聞」的狀況。假設真正的聽力問題已經排除，那麼治療師就要跟父母討論他們平常處理這類事件的方式，並且幫助他們更有效率地實施後果。

親子遊戲治療師在與父母討論遊戲主題時，也要告知父母是哪些因素導致治療師發現這些主題。通常這些因素包括孩子遊戲的強度和焦點、孩子玩某個特定玩具的頻率，或是演出類似的行為順序。假如某個經常受到同儕取笑的小個子男孩常常在遊戲中假裝自己是巨型大力怪獸、巨人或超級英雄，治療師可以向父母說明這個主題可能表示孩子想要對自己的生活有更大的控制力。

通常只需要兩或三次初期遊戲單元就可以掌握技巧。孩子通常以探索的方式運用早期單元，會發現遊戲室裡可用的玩具，並且越

來越熟悉遊戲單元的運作方式。父母和孩子透過初期單元開始發展出對遊戲單元的「感覺」之後，強烈的主題遊戲通常就會出現。

 ## 初期遊戲單元期間的常見問題

　　在親子遊戲治療的這個階段出現的問題類似於訓練階段，而治療師也用同樣的方式來處理。此外，對自己的孩子執行遊戲單元可能會引發父母擔心或害怕孩子的遊戲所隱含的意義。父母常常會擔心假如孩子對標槍有極大興趣，日後是否會變成不良少年；或是假如兒子喜歡玩洋娃娃，那麼他的性別認同是否有問題。

　　親子遊戲治療師會認真看待父母所有的疑問，並且對他們的感覺展現不帶評判的接納。治療師在這個階段通常要安撫父母，孩子的行為通常有其功能，並不需要過度擔心。出現攻擊性遊戲很自然，特別是在早期遊戲單元，而父母透過親子遊戲治療正在學習的技巧將有助於父母教養出健康、負責任的孩子。假如給予相同機會，男孩子跟女孩子一樣渴望玩洋娃娃。基本上，在父母剛剛學習有關象徵性的時候，他們通常會過度解讀孩子的遊戲，此時親子遊戲治療師就要幫助父母做出正確、合理的詮釋。此外，治療師也要提醒父母在單元以外的時間不要再針對孩子的遊戲提問或推敲，並且鼓勵他們持續在與治療師的會面中提出他們的擔心。

案例研究

　　艾德在他第一次與潔西的遊戲單元中顯得更加放鬆。她的遊戲有探索性，但沒有太多感覺的表達。他做出良好的內容反映，有一次潔西要他在「品茶舞會」中扮演一個角色，他也做得很好。他忘記做 5 分鐘預告，但記得做 1 分鐘預告。隨後他指出自己可以比較自在地和孩子相處，比較不會想到負面的東西。他相當高興自己有這樣的表現。我同意他的看法，也建議他繼續努力增加同理式傾聽的頻率。

　　卡蘿與賈許的第一次遊戲單元也進行得很順利。他一開始先探索遊戲室，接著玩廚房組合。卡蘿運用同理式傾聽的方式相當棒。有一次賈許將水潑到地板，她立刻起身用紙巾擦乾，再立刻回到非指導式的角色。賈許也假裝自己是蝙蝠俠，並且打擊他的敵人（充氣式不倒翁），但沒有將卡蘿納入他的想像式遊戲中。卡蘿對遊戲單元進行的方式相當滿意。我稱讚了她做的許多很棒的事，然後討論她對潑水一事的反應。她說自己已經很習慣跟在賈許後面收拾，因此在整個過程結束之後她才發覺自己先前做的動作。她很快地了解自己的反應如何在遊戲單元脈絡中傳達出不接納的態度。

　　艾德的下一次單元是跟賈許。賈許更進一步地探索遊戲室，然後整個下半單元都在扮演蝙蝠俠。他要求艾德扮演小丑，但艾德有點難以進入「壞蛋」的角色，扮演得「不夠狠」，使得賈許有些挫折。在談過進展不錯的部分之後，我們討論了艾德對被賦與該角色的感覺。他說自己成長於農場，小時候極少有機會玩想像式遊戲。

我們練習做出一些很醜陋的表情，並且練習發出恐嚇的聲音，他說下次有需要時就會盡量試試看。

潔西與卡蘿的遊戲就相當不同。她多數時間在玩充氣式不倒翁和標槍。潔西有兩次要用標槍射卡蘿，卡蘿設定限制，並給了預告，但忘了重新引導潔西的遊戲。卡蘿告訴潔西該離開遊戲室的時候，潔西開始將某些廚具放回去。卡蘿提醒她真的該出去了，但還是允許她完成收拾的動作。

在單元的回饋部分，卡蘿表達出潔西在上一週與艾德「玩得比較好」。她心裡覺得受傷，因為潔西給她更多挑戰和測試。她體認到艾德可能說得沒錯，她和潔西之間出現權力競爭的關係。我安撫她說這並不代表她是一位「壞媽媽」，也提醒她運用親子遊戲治療的其中一個目的就是強化她們之間的關係。在討論到技巧時，我稱讚卡蘿可以忍住指導潔西的衝動、她的一般傾聽技巧，以及她堅定的設限能力。我也對她指出，潔西在同一個行為上面從未測試過她三次。

我建議卡蘿將來在單元結束的時候要想辦法立刻帶潔西離開遊戲室，即使潔西仍想要將玩具放回去。這讓卡蘿感到訝異。她本來還很高興潔西願意清理玩具，因為在家裡根本不可能。我指出有些孩子利用遊戲單元最後結束的清理動作來作為拖延策略，這或許是測試限制的另一種方式。我也釐清孩子並不需要清理遊戲室——就是這件事讓遊戲單元顯得特別，也避免了單元結束時可能出現的限制測試。

這些初期遊戲單元在兩次會面中完成。

7

在直接督導之下繼續
遊戲單元

　　一旦父母越來越掌握於執行與孩子的遊戲單元，親子遊戲治療師的焦點就要逐漸從技巧發展轉到治療議題。治療師還是需要持續了解父母的技巧運用，並提供增強及矯正性回饋，但是要花更多時間留意孩子及家庭動力。督導的過程還是遵循之前在治療師直接督導下所做的所有遊戲單元的相同格式。在每次過程結束時，治療師要引發並同理式傾聽父母的反應，增強父母做得好的具體事情，建議一兩樣下次單元可以改善之處，然後討論孩子遊戲當中的主題。

主題遊戲

　　在第三或第四次親子遊戲單元結束之前，孩子的遊戲通常會開始出現主題。孩子在第一或第二次單元期間通常是出現探索式遊戲，只偶爾出現明顯治療性的主題。一旦孩子感受到遊戲單元中的

容許、不評判氛圍，他們才會開始透過遊戲表達某些更深層的感覺和衝突。遊戲主題通常與真實生活議題有關，有時候會從一個單元延續到下個單元。常見的主題包括攻擊、滋養、掌握、控制、權力和權威、善和惡、家庭關係以及同儕關係。孩子也會在遊戲單元中表達出許多與發展有關的歷程。孩子在遊戲中用以表達這些主題的玩具和方法似乎是無窮無盡。

　　一般孩子固然也會，有攻擊問題的孩子或是從壓抑憤怒的家庭長大的孩子特別會在這個治療階段出現攻擊主題。常見使用標槍、充氣式不倒翁、刀子或繩子，而且遊戲可能很主動。測試限制的行為也會增加。父母有時會說自己相當擔心親子遊戲治療會打開潘朵拉的盒子，不但沒有減輕孩子的問題，反而惡化它。親子遊戲治療師需要解釋這種攻擊遊戲的增加很常見，也只是暫時現象。親子遊戲治療的目標是幫助孩子學習用建設性的方式來處理攻擊，而孩子一旦修通了自己的議題，攻擊遊戲通常就會轉向其他主題。

　　詮釋孩子遊戲的意義必須考量到孩子和家庭生活的脈絡（VanFleet et al., 2010）。沒有考慮到脈絡而只單靠「食譜」（例如，恐龍＝攻擊性；嬰兒娃娃＝滋養）來詮釋遊戲的選擇或主題，就注定會出現不正確或不完整的情況。孩子遊戲中的重複性、強度及其他行為會提供遊戲究竟代表何種意義的相關線索，但親子遊戲治療師還必須留意到孩子過去和現在生活中更廣泛的事件，並且運用它們將遊戲帶入脈絡中。父母在這裡是真正的夥伴，因為除了孩子以外，父母比任何人都還要了解那個脈絡。

　　孩子遊戲的意義並不一定很清晰明朗。親子遊戲治療師幫助父母對遊戲的可能意義形成假設，並且在逐漸顯現主題的幾次遊戲單元過程中保持耐性。再者，親子遊戲治療師要幫助父母接受一個觀

點，那就是遊戲單元要有效果，父母不一定需要了解有關孩子遊戲
主題的所有事情。（有關非指導式遊戲單元中遊戲主題更廣泛的討
論，請參考 VanFleet et al., 2010。）

處理動力議題

孩子遊戲主題的焦點總是會帶出家庭內動力議題的討論。孩子
在遊戲室中的行為將會引發父母對孩子和他們自己的一些疑問。

➤ 孩子的議題 ◄

「那正常嗎？」是父母在這個治療階段經常會問到的問題。這
時他們已經用新的眼光看孩子，但是對遊戲象徵的不熟悉有時候會
導致他們對孩子遊戲「正常與否」出現不必要的憂慮。在父母對孩
子遊戲的意義有更佳的了解之前，親子遊戲治療師必須安撫他們並
且重新框架遊戲行為，以便協助他們的了解。舉例來說，若一位年
輕女孩在遊戲單元中不斷用拳頭擊打充氣式不倒翁，她的父母可能
會想知道這是否表示她是一個有暴力傾向的人，因此必須更嚴格控
制她憤怒的表達。治療師必須引出這些擔心，並且安撫父母說這類
攻擊遊戲對男孩和女孩都是很自然的行為，而且在治療中的這個時
機點也經常出現。也可以進一步說明憤怒和攻擊在人類生活中的角
色。治療師也可以延伸出一些討論，包括父母在家中可以運用哪些
方式鼓勵孩子更適當地表達憤怒。

親子遊戲治療師在教導父母了解孩子遊戲意義的同時，也要幫

助父母避免過度解讀孩子的遊戲。運用的方式包括討論父母的反應、重新框架，以及治療師的示範。由於父母在這時候很容易誤解孩子的遊戲，親子遊戲治療師必須保持機警，並且鼓勵父母公開討論對孩子遊戲單元行為的擔心。

◆ 父母的議題 ◆

與父母對孩子遊戲的疑問密切相關的是他們擔心自己身為父母的勝任能力。正當他們努力了解孩子遊戲的意義時，父母通常也會好奇那樣的遊戲究竟意味著他們是什麼樣的父母。這些議題的討論可能提供家庭改變的驅動力，也可能威脅家庭對治療的參與度。

親子遊戲治療師必須敏於察覺父母對於在遊戲單元中所反映出的自己所帶來的感覺。若是母親看到她 4 歲兒子拿起媽媽娃娃放在一支想像的掃帚上面，然後在空中飛來飛去，而且在發出咯咯笑聲的同時又對下面的娃娃家族降下咒語，這時母親難免會擔心兒子把她當作巫婆。對於親子遊戲治療過程所顯現的狀況，她可能會感受到威脅，因而不願意有進一步的參與。警覺性高的治療師會體認到這類遊戲對父母具有潛在威脅性，因此即使父母沒有提出來，治療師也會主動提出來做充分討論。

孩子遊戲的脈絡對這些討論極為重要。假如當時萬聖節快到了，同時在遊戲室中媽媽娃娃最靠近巫婆，而媽媽也沒有說她在家經常處罰兒子的不當行為，那麼巫婆遊戲的詮釋可能就會有所不同。親子遊戲治療師要傾聽父母的擔心，然後跟他們一起探索遊戲的各種可能解釋。對單一遊戲序列所做的結論必須極為小心地運用。

親子遊戲治療

透過遊戲增進親子關係

　　有時候親子遊戲治療師對孩子遊戲的詮釋的確反映出對父母的負面觀感。果真如此，治療師必須幫助父母了解遊戲的隱含意思，同時又要降低父母的防衛。假如父母對遊戲或其詮釋產生防衛，他們就不會再去聽治療師要說什麼，也不會改變他們的行為。

　　為了減少防衛，治療師可以運用同理式傾聽來傳達對父母的接納，同時以父母感受的角度來對問題重新框架。治療師也可以增強父母願意看到並面對負面詮釋，以及他們對治療的投入才能對孩子產生新的了解。治療師絕對不能做出「你們是不好的父母」這種暗示。焦點必須放在父母的感覺和行為，以及改變現狀的可能方法。

　　舉例來說，假如治療師從孩子遊戲脈絡的觀點來看，的確認為孩子真的將母親視為會處罰人的巫婆，治療師可以對母親說：「妳一定很難過孩子將妳看成巫婆，那很讓人傷心，因為他沒有看到妳對他做的所有好事。」（同理式傾聽）「雖然我們並不完全確定這就是他遊戲的意涵，我們還是可以花點時間談談那個可能性。即使現在很讓人難過，我認為妳已經為解決問題做了很重要的工作。妳做的很棒的一件事情就是在遊戲室裡面創造一個開放的氛圍，使得他可以自由地表達自己的感覺。也由於我們對他的感覺有了一些概念，我們就更知道該如何改善你們之間的關係。在初次晤談中，妳告訴我妳對他的行為感到非常挫折，必須時時刻刻都看管著他。我知道妳已經體認到這個問題，也開始尋求幫助。我真的認為我們可以一起減少妳對他不當行為以及他視妳為巫婆的那些挫折。妳可以多說說對這件事的感覺，然後我們就可以進一步談談如何處理這個問題。」

　　在這個例子裡，治療師同理地傾聽母親的擔心、以母親的挫折這個角度來重新框架問題、誠懇地增強她至今的努力，然後提供問

題可以獲得解決的希望。若能用敏銳的方式來加以處理，兒子在遊戲中的表白反而能促發母親用新的方式來和他互動。治療師可以強調，在處理母親對孩子行為以及她的「巫婆形象」這些挫折方面，母親在遊戲室中給予兒子的正向關注以及一致的設限技巧都具有非常重要的價值。

總括來說，動力議題產自於孩子的主題遊戲、親子在遊戲室中的互動，以及父母對它們的反應。就是因為技巧訓練與動力議題討論這種複雜的交互影響，提供了家庭改變的方法和動能，而使得改變也經常在親子遊戲治療的這個階段開始發生。治療師要持續直接督導父母去執行遊戲單元，直到建立起堅實的基礎，也就是父母的遊戲單元技巧已經掌握，同時能夠確認出並公開討論孩子的遊戲主題。

需要治療師直接督導遊戲單元的時間長短，每個家庭差異甚大。在訓練時段與開始家庭遊戲單元之間，治療師一般至少觀察五或六次真正的父母遊戲單元。唯有在父母有能力並且有信心可以執行遊戲單元的時候，治療師才可以告訴他們如何將遊戲單元轉移到家庭情境中。

遊戲單元後期督導的常見問題

這個親子遊戲治療階段的問題主要是如何安排父母對每個孩子執行遊戲單元，同時又兼顧到這個取向的短期型式。若是每位父母（或祖父母或其他照顧者）可以對每個孩子執行遊戲單元，親子遊戲治療的效果將會最好。從治療師的觀點來看，透過對不同孩子的

練習，可以促進學習過程，父母可以更快學會執行遊戲單元。透過與每個孩子的遊戲，父母接受不同方式的挑戰，也就可以更快地學會一些技巧。再者，這個介入的家庭治療本質也可以獲得保留。然而，萬一家庭的孩子有好幾個，如何有效率地安排遊戲單元就會是一個問題。

假如是運用 1 小時治療型式，可能有兩種選擇。在受督導的遊戲單元期間，父母可以每週輪流對不同孩子做遊戲單元。每週由一位父母對一個孩子執行 25 到 30 分鐘的遊戲單元，治療師和另一位父母則做觀察。接下來治療師與雙親會面，以便提供回饋以及討論單元。在下一週，另一位父母對另一個孩子執行遊戲單元。持續進行這種隔週輪流的方式，直到治療師觀察過父母五或六次。

假如單元時間可以延長到 75 分鐘，第二種選擇可以運作得最好，但必要時 60 分鐘也可以。在這個型式中，一位父母對一個孩子執行 20 分鐘的遊戲單元，治療師和另一位父母則做觀察。接下來的 10 分鐘用來對雙親做回饋過程，以及為下一個遊戲單元做房間的重新布置。緊接著由另一位父母對另一個孩子執行 20 分鐘的遊戲單元，再有 10 分鐘做回饋過程。若有額外 15 分鐘，就可以討論在家裡出現的其他議題以及安排下一次的治療時間。

雖然督導親子遊戲單元的幾種不同組合看似令人卻步，其實通常可以運作得很好。對家庭提供這種貫徹和支持的價值，遠遠大過於安排過程所引發的不方便。父母在這個治療時機點上通常已經很渴望能執行遊戲單元，因此這個問題很容易獲得解決。

案例研究

　　我追加三次來督導泰勒一家人的遊戲單元，最後總共對每位父母各督導了五次單元，才讓他們開始執行家庭單元。他們的技巧持續發展，而孩子的遊戲主題也越加明顯。

　　在稍後的三次會面中，卡蘿對潔西和賈許各執行了兩次和一次遊戲單元，而艾德則對賈許和潔西各執行了兩次和一次遊戲單元。賈許很喜歡玩廚房組合，在盤子上面來回倒水。他也持續玩他的超級英雄遊戲，主要是蝙蝠俠。艾德成功地扮演賈許想要的「更壞、更有心機」的小丑。賈許完全投入在遊戲單元中，也越來越常將艾德納入他的想像式遊戲中。賈許與卡蘿玩的情況差不多。他將充氣式不倒翁當作是小丑和其他壞蛋，而不是卡蘿，也將她納入某些布偶遊戲當中。賈許利用他所謂的「龍」布偶玩耍似的攻擊卡蘿的布偶。賈許的遊戲主題似乎反映出掌握和控制議題，但這很平常。

　　潔西的攻擊遊戲在這些單元中變得越加明顯。她測試過艾德一次，方式是向他丟玩具。他以遲疑的態度做設限，說：「我不認為妳可以那樣做。」她沒有進一步行動。她與艾德玩卡片遊戲，而且總是要贏，而艾德也很棒地反映她想打敗他的渴望。她也持續玩標槍和充氣式不倒翁。她的攻擊性對卡蘿比較明顯。雖然卡蘿從未需要提前結束單元，潔西還是測試了許多限制。她曾經再次對卡蘿射標槍，將玩具丟向卡蘿的方向，還有用廚房組合裡面的硬塑膠叉戳充氣式不倒翁。每一次她都會先看向卡蘿，留意著她的反應。卡蘿的設限做得很好。在卡蘿陳述限制之後，潔西就會將手上的玩具丟

掉，然後抱怨說：「這地方就像家裡一樣不好玩。」卡蘿在這些時候就比較難反映潔西的感覺。潔西還是會在單元結束時試著要清理遊戲室，不過卡蘿處理得很好。潔西在她們的第三次遊戲單元就沒有那麼常測試卡蘿；她多半一個人玩，而卡蘿則做反映。

我們做了一些討論來改善艾德和卡蘿的技巧，特別是艾德需要更堅定、具體地設限，以及卡蘿需要去反映生氣的感覺。在討論過他們每次所運用的技巧之後，我們就會談論孩子的遊戲主題。他們兩人很能了解賈許的遊戲，但也表達對潔西遊戲內容的擔心。他們需要獲得進一步的安撫，以便了解她攻擊遊戲的增加是過程的一部分，並不會永遠如此。他們並未陳述她的「壞行為」在家裡有增加。他們兩人都指出，他們自己在遊戲室裡感到更加自在，而我也看到他們兩人都有長足的進步。

在額外的這三次會面之後，我們全部的人都有信心將遊戲單元移到家庭情境當中了。我們安排下一次會面來討論遊戲單元的轉移。

8

將遊戲單元轉移到
家庭情境

　　將遊戲單元轉移到家庭情境的計畫可以在親子遊戲治療的早期就開始。在訓練階段期間,治療師可以給父母一張玩具清單,上面列出執行家庭遊戲單元時需要使用的玩具。治療師要提醒父母,在他們接受治療師的督導開始遊戲單元時就需要蒐集好玩具。一旦父母已經準備好要轉移單元,親子遊戲治療師要花一整個單元來幫父母做好準備。計畫的考量包括取得玩具、決定遊戲單元要在哪裡執行、安排遊戲單元、處理干擾、承諾挪出遊戲單元所需的時間,以及留意孩子遊戲的改變。

玩具的取得

　　治療師鼓勵父母取得一系列玩具,但這些玩具必須與孩子平常玩的玩具分開,只能在親子遊戲治療單元中使用。之前描述的玩具

清單（第 31-32 頁）可以當作參考。購買基本玩具配備的金額大約 4,500 到 6,000 元新台幣。

許多家庭負擔不起一整套新玩具的費用，因此治療師必須與他們一起想辦法找出比較經濟的方式。舉例來說，裡面有間隔的紙箱就可以充當娃娃屋。動物家族通常比人類娃娃家族來得便宜，但孩子還是很容易拿來表達家庭主題。有些家庭會自己找材料來做娃娃家族，包括利用襪子做成身體，用色筆和鈕扣來做出臉上的特徵，以及用紗線做成頭髮。奶油或人造奶油容器上不同尺寸的塑膠盤可以充當廚具組合的盤子，而 1 公升裝的牛奶或果汁塑膠瓶可以當作裝水的容器。只要治療師記住創造兒童中心遊戲環境的基本原則，治療師和家庭可以有無限的創意。在跳蚤市場或庭院拍賣中也可以找到便宜的玩具。若是治療師在工作場所張貼出他所需要的玩具種類，通常就能獲得同事們的捐贈。有些親子遊戲治療師會出租整套玩具給負擔不起的家庭，而某些公益團體也可能會提供小額贊助。

 # 在家中執行遊戲單元的處所

治療師也要與父母一起討論出在家中執行遊戲單元的最佳處所。該處所在兩次單元之間並不需要布置得像是遊戲室——不用的時候父母可以把玩具存放在櫃子裡。挑選處所時有幾個考量：(1) 空間要夠大、夠開放，可以玩充氣式不倒翁，同時容納兩個人以及其他玩具（2.4 公尺 ×3.0 公尺，或更大）；(2) 不要放易碎或太昂貴的物品；(3) 要能禁得起某些比較粗野的遊戲動作，而不需許多額外的設限；(4) 適合玩水，不怕水亂潑。經常被選擇的處所包括

廚房、地下室和車庫。在比較大的房間裡面劃出一處較小的空間也可以。居住在更小的移動屋或公寓的家庭，可能要更有創意地想出適合處所。若是在一個極為受限的空間裡，也可以放一張蓆子或毯子來標示出「遊戲空間」，然後將玩具放在上面。

在找出適合的處所之後，治療師要與父母共同討論需要有哪些額外的限制。限制的數量應該盡可能少，以便保留遊戲單元的容許氛圍，但有時候還是需要依家庭情境而定。

遊戲單元的安排

治療師建議每位父母每週安排對每個孩子做一次半小時的遊戲單元。若是家裡有好幾個孩子，或是家庭因監護、探視或外出工作而限制了時間的安排，這個計畫可能就需要做點修正。最重要的是，從孩子的觀點來看，遊戲單元的安排應該要定期、可預測，而且至少兩週一次，才能達到預期的成效。由於之前父母已經在治療師的督導之下定期執行遊戲單元，時間安排的問題理應獲得解決。治療師要強調父母必須在家定期執行遊戲單元。

在安排家庭的親子遊戲單元時，父母必須記得孩子的其他興趣和活動。萬一與孩子最喜歡的電視節目、足球練習或重要的同儕遊戲活動時間相衝突，遊戲單元就可能無法成功。

處理干擾

　　干擾有可能會破壞遊戲單元的特殊本質和動能，也很容易在家庭情境中發生。因此，治療師要鼓勵父母預期可能會出現哪些類型的干擾，並且事先決定要如何處理。父母可以先告訴朋友或鄰居說那段時間不方便，以減少親子遊戲單元進行中出現意外訪客；使用答錄機或是將電話接頭拔掉，也可以防止來電干擾。手機最好放在另一個房間，同時關機。

　　手足也可能帶來許多干擾。若是雙親家庭，另一位父母可以找事情讓其他孩子做；若是單親家庭或是另一位父母不願或無法幫忙的話，情況就會比較麻煩，可能就必須尋求年紀較大的手足、親戚或鄰居的協助。有時候可以善用學校的課程表來安排遊戲單元。這類規劃問題通常可以獲得解決，只不過需要一點創意。

承諾

　　在開始家庭單元之前，父母已經花了大約 10 週（評估不算）時間在親子遊戲治療，而且在過程中有大量投入。在將遊戲單元轉移到家庭時，那樣的承諾必須持續。那種承諾是對孩子以及對他們與孩子之間關係的承諾。親子遊戲治療師要強調，家中定期、不受干擾的遊戲單元在臨床上相當重要。基本上父母必須讓孩子感受到，一旦他們在進行遊戲單元，孩子就是父母的第一優先。父母必

須傳達的是，在遊戲單元時間裡沒有任何事物比孩子更重要，而傳達這個訊息最好的方式就是透過父母的承諾以及按計畫貫徹執行遊戲單元。假如有非預期的事情會干擾計畫中的遊戲單元，父母必須事先告知孩子，同時重新安排遊戲單元的時間。

 ## 孩子遊戲的改變

　　家庭遊戲單元的最後一個準備事項是遊戲單元中孩子遊戲的可能改變。治療師要告知父母，孩子的遊戲有可能因為環境的改變而有所改變。在家庭的親子遊戲單元期間，孩子測試限制的行為在初期可能會增加。有時候他們遊戲主題的焦點會改變。這些改變通常並不大，父母也很容易處理，但若父母能夠事先知道，就不會在事情發生的時候產生不必要的擔心。

家庭遊戲單元與
技巧的類化

一旦父母在家中對孩子執行遊戲單元，新的親子遊戲治療階段就此開始。它聚焦在：(1) 維持父母在單元中的遊戲技巧；(2) 持續討論孩子和父母的議題；(3) 監督邁向治療目標的進展；(4) 將遊戲單元技巧運用在更廣泛的家庭生活脈絡中；(5) 額外教養技巧的學習及應用。

治療師對家庭遊戲單元的督導

親子遊戲治療師每週或每 2 週與父母會面一次，但最少每位父母各執行兩次家庭遊戲單元之後要會面。針對每一次單元，治療師要求父母完成自我督導問卷，而這問卷內容就成為討論的基礎。問卷中包括四個開放性的問題：

1. 這次遊戲單元的哪些部分我處理得還不錯？

2. 這次遊戲單元的哪些部分我還需要改善？

3. 孩子的遊戲有哪些重要主題？

4. 這次遊戲單元引發我對親子遊戲治療、我的技巧、我的孩子、我的家庭，或是我自己產生哪些疑問？

治療師如同之前一樣與父母完整討論遊戲單元，包括遊戲技巧運用的優點和缺點、孩子的某些行為如何處理，以及遊戲主題及其可能意義。仍然需要多多關注遊戲主題所帶出的動力議題以及後續的問題解決。

假如父母陳述在執行家庭單元中出現重要的新問題，或是治療師擔心父母的遊戲單元技巧已經弱化，治療師可以要求父母帶孩子來接受遊戲單元的直接督導。假如家庭的問題很廣泛，治療師可以直接將督導遊戲單元當作是常規事項。取決於問題的本質，治療師可以要求每 6 到 8 週觀看一次現場單元，以確保能維持兒童中心的遊戲方式。

 ## 遊戲單元技巧的類化

在家庭遊戲單元展開之後，治療師在每次治療單元都要花一部分時間來做遊戲單元技巧的類化。父母經常會詢問在遊戲單元以外的時間該如何應用同理式傾聽及設限。父母在遊戲室中成功運用技巧之後所引發的強烈動機，將會使治療師此時的工作相對變得容易一些。

　　親子遊戲治療師在此時要鼓勵父母在廣泛的日常情境中以同理的方式傾聽孩子。建議做練習的具體情境如下：當孩子談到白天在學校的生活；當孩子感到傷心、失望，或是對別人或父母生氣；當孩子替自己感到驕傲。不過還是鼓勵父母，只要想到就可以試著用傾聽技巧。治療師也可以給父母一些指定家庭作業，要求他們每週運用幾次同理式傾聽，然後在下一次治療單元中回報。

　　治療師也要幫助父母在遊戲單元以外的時間運用行為問題的三步驟設限程序。這涉及到決定要有哪些限制、如何具體且清楚地陳述這些限制，以及要一致地實施哪些合乎現實的後果。指定家庭作業可以要求父母去計畫如何在新情境中運用設限技巧，這樣可以促進類化。

 # 額外的教養技巧

　　在這個治療階段，治療師也要引進幾種額外的教養技巧給父母：設定合乎現實的期望、父母訊息、場面構成的更廣應用，以及增強。合乎現實的期望技巧強調，父母要運用孩子的發展及準備度訊息來決定在不同階段該對孩子有什麼期望。父母訊息技巧可以幫助父母更清楚且直接地對孩子表達他們的需要和想要。擴展的場面構成技巧聚焦在父母有哪些方法可以預期並降低孩子做問題解決的阻礙，以及如何「將孩子帶向成功進展之路」。增強技巧涵蓋了正增強及行為管理方法的運用，而這些通常比處罰更為有效。

　　透過討論每個技巧的原理、示範其運用、督導父母練習這些技巧，以及指定家庭作業的練習，治療師就可以幫助父母類化他們

的遊戲單元技巧。L. F. Guerney 所寫的 *Parenting: A Skills Training Manual*（1995）以及 *A Clinician's and Group Leader's Manual for Parenting: A Skills Training Program*（1987）是對父母及治療師很有用的參考資源。帶領者手冊裡面所描述的課程可以跟親子遊戲治療模式搭配得很好，而訓練手冊可以當作父母的家庭作業來閱讀和練習。

家庭遊戲單元期間常見的問題

在這個階段會出現兩類不同的問題：在家中實施遊戲單元時出現的問題，以及擔心孩子的遊戲主題或其他治療性的議題。

➤ 在家中實施遊戲單元時出現的問題 ◄

即使親子遊戲治療師已經幫父母做好家庭遊戲單元的完全準備，某些阻礙仍可能出現。最常見的問題包括遊戲單元中出現的干擾、時間安排的衝突，以及父母逐漸減少遊戲單元技巧的運用。治療師幫助父母處理干擾和時間安排問題的方法，與幫助他們做好準備的方法類似。他們一起討論家庭的生活方式以及遭遇到的阻礙，然後共同努力探索其他的選項或方法。這當中需要有某種程度的耐心和創意。治療師很容易因父母看似缺乏配合和承諾而感到挫折，不過大多數的情況是父母其實有心想做，但卻難以有效地處理時間或優先順序。將技巧和行為從治療室類化到其他情境永遠是在介入時所面臨的最大挑戰之一。實施方面的問題幾乎都會出現。治療師

若能耐心與父母一起規劃，同時也能體認到父母真的需要付出許多時間和精力，最終的成功就可能會出現。

　　親子遊戲治療師必須留意到父母遊戲單元技巧正在滑落的徵兆。假如治療師能夠在治療單元中保持接納和不評判的氛圍，父母就比較可能對自己在家中的技巧運用有正確的評價。若父母陳述孩子在遊戲單元中出現負面反應，治療師也要檢視一下技巧運用的滑落是否為可能原因之一。父母對每一次遊戲單元所填寫的自我督導問卷可以促進討論，而三不五時安排的現場遊戲單元督導也可以幫助治療師確認父母的技巧滑落是否成為問題。果真是，治療師要和父母再討論、作示範，或是對有問題的情境做些技巧應用的角色扮演。

➤ 治療議題 ◀

　　即使遊戲單元已經移到家中，動力議題仍然持續透過遊戲單元浮現。治療單元的主要部分仍在於遊戲主題及意義的討論。父母會繼續因為看到遊戲單元裡面的事件而表達對孩子或自己的擔心。治療師處理這些情況的方法還是跟以前一樣：對父母的感覺表達接納、必要時重新框架問題，以及帶著父母解決問題。

　　有些孩子在家庭遊戲單元中會增加限制測試。在治療師的遊戲室中刻意控制自己行為的孩子，可能會在家中更激烈地測試限制。這可能會再一次讓父母害怕遊戲單元是否會導致孩子的問題更加惡化。但這通常僅僅表示需要進一步加強設限的技巧。治療師可以安撫父母，假如他們能夠更有效地運用設限技巧，測試行為就會逐漸消失。

　　父母在這段期間最常見的擔心或許是看到孩子不斷重複的遊戲，也就是在這次到下一次單元的遊戲活動或主題幾乎沒什麼變化。父母經常會陳述單元很無聊、他們可能某些地方做得不對，或是懷疑遊戲單元不再能夠達到目的。真正的情況可能正好相反。遊戲卡住，通常表示孩子正在修通某個重要議題。他們可能正在努力掌握某種特別技巧、整合對世界的某些新理解，或是因應某個困難的問題。重複性的遊戲有時候是指出，父母僅僅了解很表面的層次，而錯失了遊戲的某些重要表達。治療師可以檢視一下父母的同理回應是否夠深，假如不夠，治療師可以幫助他們更加深入。

　　治療師確認孩子是否感到無聊最好的方式，是評估孩子在遊戲單元中感興趣的程度。假如孩子在遊戲中似乎很有興趣也很投入，治療師可以向父母解釋，雖然從大人的角度看來遊戲顯得無聊，但是它對孩子來說還是很有意義。鼓勵父母保持耐心。假如孩子已經處理了最有治療性的議題，然後只是裝裝樣子玩遊戲，那麼治療師就要評估一下是否已到運用「特別時光」來代替遊戲單元的時候，這在後面（第 90 頁）會提到。

　　假如之前沒有出現過，那麼父母對孩子教養議題的意見不一通常會在親子遊戲治療的類化階段浮現。一旦關注焦點轉移到父母在日常生活的技巧運用，風格和哲學差異就會出現。這些差異的化解通常取決於技巧本身。差異通常反映出父母在管教上偏好容許或偏好嚴格的方向。親子和教養技巧強調的是滋養與紀律之間的平衡。一旦治療師能夠對父母展現如何將技巧適用於更廣泛的情境，父母就能夠對技巧的選擇運用有更好的了解。L. F. Guerney（1995）所寫教養技巧書籍的最後一章討論了如何對技巧的運用排定優先順序並且平衡使用，是處理這方面問題的絕佳資源。

 # 案例研究

我們利用一次治療單元來準備將遊戲單元轉移到泰勒一家人的家中。他們決定利用大廚房來進行遊戲單元，並且計畫不用的時候將玩具存放在臥室的櫃子裡。在父母之一執行遊戲單元時，另一位父母會找事情讓其他孩子做，而且假如沒做遊戲單元的那位父母沒空聽電話，他們就使用答錄機。泰勒一家人都很忙，因此並不容易找出遊戲單元的時間，不過最後還是達成協議。到目前為止他們覺得過程還滿有趣的，每位父母計畫每週對每個孩子執行一次遊戲單元。

在前兩週，孩子的遊戲相當類似於之前的遊戲。潔西在第一次與卡蘿的家庭單元中增加了她的限制測試，但並未一直持續。艾德和卡蘿第三週在家中留意到了某些不同的情況。

賈許的遊戲更為主動但維持相同主題。潔西在一次單元中利用娃娃家族發明了她稱之為「丟掉嬰兒」的遊戲。娃娃家族的所有成員輪流從娃娃屋的各種不同位置（包括屋頂）將嬰兒丟掉。在那之後，潔西開始玩水和奶瓶。在個別與父母遊戲的幾次單元中，潔西扮演嬰兒、發出嬰兒的聲音，並且要求父母完全按照她的意思做事，幾乎持續整個單元。她吸著大拇指、用奶瓶喝水，並且要求卡蘿或艾德抱著她唱歌。她也命令他們在房間裡完成許多任務。最後，她決定變成父母，並讓艾德或卡蘿變成嬰兒。從那個時候起，她的遊戲開始出現更多變化。她定期玩她自己設計的卡片競賽遊戲，而且在嬰兒遊戲之後幾週，她偶爾會設計讓與她一起玩的父母能夠贏得競賽，這又是另一個改變。

　　不出所料，卡蘿和艾德果然擔心起「丟掉嬰兒遊戲」，而且也對「嬰兒潔西」遊戲感到厭煩。他們對這些單元感到無聊，並且詢問我有什麼方法可以用來「刺激」她的遊戲。我們完整地討論了這些主題的可能意義，而我也提議儘管每次單元要他們「遵照她的指令」是有點累人，但或許她是正在修通有關她對「小弟弟」的某種非常重要的感覺。他們的技巧運用得還不錯，因此我鼓勵他們保持耐心。之後她的遊戲變得沒那麼自我中心，也顯示出滋養的跡象，他們就覺得很高興。

　　在潔西扮演嬰兒的那幾週時間裡，她的老師告訴父母她留意到潔西在學校的行為有些改善。她知道潔西正在接受治療，因此她打電話給卡蘿說治療似乎有幫助。艾德和卡蘿也陳述潔西在家固然還會取笑賈許，但比較是用開玩笑的方式，而沒有那麼多惡意。潔西開始偶爾會對賈許扮演「老師」角色，而卡蘿和艾德認為這有助於他們之間的正向互動。

　　在泰勒一家人開始家庭單元之後不久，我們便開始致力於教養技巧的擴大運用。在此脈絡之下，卡蘿告訴我有一次潔西在學校被朋友排擠，她便運用了同理式傾聽。卡蘿說她之前習慣的回應方式是質疑潔西做錯什麼才會引發別人的排擠，但是這次她能夠有更好的傾聽，就能夠看見潔西感受到的痛苦。潔西對她表達了更多的想法，她也可以看到她們之間關係的希望。艾德和卡蘿盡可能在家運用三步驟序列來化解關於設限的緊張關係。他們最終對限制的種類和後果有了共識。他們也努力對兩個孩子更常運用正增強。

　　親子遊戲治療單元與教養技巧的結合已經開始減輕家裡的問題，同時讓家庭成員之間更正向的互動。在我們開始討論治療結案時，泰勒一家人在 8 週中總共對孩子執行了 16 次家庭單元。

10

親子遊戲治療的
結束階段

親子遊戲治療師持續定期與父母會面，以便討論家庭遊戲單元，並且促進將技巧類化到日常生活中。由於進展已經接近治療目標，他們開始計畫親子遊戲治療的最後一個階段。

如何決定結案

親子遊戲治療是一種教育、能力取向的介入模式，因此治療師不要讓個案家庭有不必要的依賴。治療師要留意到治療已經可以進入結束階段的一些跡象。此時應該考量幾個因素。

首先，假如親子遊戲治療與家庭問題之間難以搭配，或是家庭無法或不願意承諾去執行親子遊戲治療單元，這些問題在治療過程的早期就會明顯出現。只要發現沒什麼進展，治療方法就需要盡快調整。調整方式包括與家庭一起找出並排除阻礙，或假如家庭選擇

不做親子遊戲治療的話，就可以挑選其他介入方法，例如治療師執行的遊戲治療或行為治療，或是轉介給其他治療師。儘管極少發生，治療師還是有可能需要提早對家庭結案，因為家庭無法配合，使得進展無法產生。謹慎找出不責備家庭的解決方法，但若所有其他的方式都無法成功時，提早結案可能會是一個適當的做法。

第二，在主述問題接近解決或是已經解決時，治療師就可以開始最後的結案計畫。若是行為目標在治療一開始時已做了設定，就很容易確定是否已達到目標。

第三，親子遊戲治療已達結束階段的另一個跡象來自孩子。孩子對遊戲單元的興趣減少，再加上遊戲強度和主題本質的減少，就可能代表遊戲單元的治療價值已經接近終點。親子遊戲治療師需要先排除造成孩子興趣減少的其他原因，例如，時間安排總是與最喜歡的活動衝突。假如沒有這類情況，而且孩子也已經修通了他的主要問題，就可以考慮結案。

第四，一旦已有明顯進展，而且治療師認為父母已經對親子遊戲治療以及教養技巧的應用有相當高程度的了解，治療就可以告一個段落，讓父母自行持續遊戲單元。

結案過程

結案計畫開始於治療師與父母對於治療最後階段的討論。治療師與父母評估已有的進展，並且找出尚未解決的問題，然後共同討論逐步結案。

治療師通常會要求觀察一次現場的遊戲單元，而且最好是每一

位父母都要。在這次觀察中，治療師要留意每位父母在遊戲單元中的技巧和品質、親子之間的互動，以及是否出現臨床上明顯的行為或遊戲主題。假如被觀察的遊戲單元證實了之前問題已獲解決的印象，而且父母的能力也足以執行遊戲單元，結案過程就可以繼續。

治療師可以要求父母填寫一些在評估階段就已填寫過的問卷、技巧評量或行為量表，以便提供進展的進一步證據。有幫助的做法是與父母分享及討論前測和後測的比較。

假如結案在即，治療師可以幫父母做好準備，讓他們將來沒有治療師的督導也可以運用遊戲單元。具體來說，治療師要強調最好持續在家做遊戲單元，直到孩子不再需要它。一旦孩子失去對遊戲單元的興趣，父母可以每週用至少一次半小時的「特別時光」來取代遊戲單元。

特別時光在本質上還是以孩子為中心。父母允許孩子從許多可接受的活動中做選擇，並且盡可能保持同理和非指導性，同時跟隨孩子的帶領。特別時光可以包括玩桌遊、去公園玩、玩接球、坐著聊天、外出吃東西，或是任何可以不受干擾且完全關注到孩子的其他活動。特別時光最好是親子一對一的活動，就像是遊戲單元一樣，但也可以延伸為特別的家庭時光，由全家人一起參與令人愉快的活動。

取決於家庭的需要與否，治療師可以與父母安排一次逐步結案的會面。舉例來說，假如治療會面是 2 週一次來討論家庭單元，治療師可以建議 4 到 6 週後會面來確保收穫的延續。可以計畫做 3 個月和 6 個月之後的電話追蹤，以傳達治療師的支持和熱忱。最好事先與父母討論這個追蹤計畫，以免他們到時候覺得干擾。很重要的是治療師必須真正貫徹擬定好的計畫。

　　最後，治療師在最後一次會面時告訴父母，萬一有任何疑問或擔心，他們可以隨時回來。由於父母已經學會在許多不同情境運用各種技巧，他們已有充分的準備可以處理復發或新的問題，因此不一定需要進一步的協助。治療師要傳達對父母的問題處理能力的信心，同時也需要對後續的諮詢採門戶開放政策。

 ## 案例研究

　　在我們的治療目標似乎已經達成，而且泰勒一家人也很有效地執行遊戲單元及運用教養技巧之後，我們討論了一個逐步結案計畫。他們將孩子們帶來，這樣我就可以觀察艾德與賈許遊戲以及卡蘿與潔西遊戲。兩個單元都相當類似於泰勒夫婦對家庭單元的描述，而潔西的遊戲單元也展現她與媽媽之間許多更正向的互動。潔西會邀請卡蘿加入一些看似有趣的想像式遊戲場景。

　　我在 3 週後與艾德及卡蘿會面，並且在那之後 1 個月進行了最後一次單元。我們都同意幾乎所有目標都已達成，而且父母技巧及孩子行為方面的評量也證實這點。我很有信心地相信泰勒夫婦擁有足夠的技巧和知識可以處理剩下的問題以及未來可能發生的問題。

　　他們計畫在家繼續遊戲單元，因為每個人都還很享受這個過程。卡蘿在最後一次單元告訴我，她一開始還滿懷疑遊戲是否真的可以處理他們的問題。現在她認為遊戲單元的運用真的幫助她的視角超越了潔西的外顯行為問題，使得她能看見助長問題的深層議題和感覺。她也說這整個過程幫助她以一種新的、不帶威脅的方式面對了自己的某些感覺。她指出，整個家庭似乎變得更加融洽和有趣。

　　艾德指出，他自己因為執行遊戲單元而變得能夠放鬆。他說過去卡蘿和一些同事曾經指責他太過嚴肅和保守，但是他最近發現自己能夠在生活中找到一些樂趣和幽默。他發現透過孩子的眼光來看世界其實是一件迷人又有趣的事情，這是他過去幾乎沒有做過的事。

　　在他們最後一次單元之後 4 個月和 8 個月，我打了電話給泰勒夫婦。他們說他們的家庭關係持續在改善，一切都進展得還不錯。

11

親子遊戲治療的其他型式

　　親子遊戲治療的原始設計是團體模式（Andronico et al., 1969; L. F. Guerney, 1991, 2003b; L. F. Guerney & Ryan, 2013），也很容易改編成各種不同型式。這個章節會總結前面所提運用在個別家庭的狀況，然後描述如何將親子遊戲治療運用於父母團體、家庭本位的介入課程（加上其他型式的治療來作為預防課程），以及非常短期的介入。Guerney 的親子遊戲治療模式所具備的彈性，使得它的所有必備特點都可以運用到學校、社區心理衛生中心、醫院，以及長期的災難復原課程。這個章節會提及納入本書稍早所述所有必備特點的親子遊戲治療型式及其應用。另外的章節會提及源自親子遊戲治療、但沒有納入所有必備特點的一些介入，它們的目標也會有些差異。這裡沒有涵蓋只有少部分像親子遊戲治療的介入，嚴格說起來它們還不算是親子遊戲治療。專業工作者必須能夠評估某個介入究竟有多忠實呈現本書及其他文獻（L. F. Guerney & Ryan, 2013）所描述 Guerney 原創的親子遊戲治療模式，因為它仍是親子

遊戲治療的最佳標準。想想親子遊戲治療的理論、原則及必備特點（第 4-19 頁），就能夠更清楚地知道什麼是親子遊戲治療，而什麼不是。納入越多的理論及必備特點，就越吻合原創親子遊戲治療的家庭治療概念及實務觀念。

親子遊戲治療運用於個別家庭的型式

這整本書幾乎都在描述親子遊戲治療如何運用於個別家庭。這個型式如實地追隨 L. F. Guerney 和 B. G. Guerney 原創的親子遊戲治療模式，也納入親子遊戲治療所有的必備特點。以下是個別家庭治療型式的概要，其中包括初次晤談及治療過程（VanFleet, 1999）。這個型式是每單元 1 小時。

單元次數	單元內容
1	初期評估、初次晤談
2	家庭遊戲觀察、討論、推薦
3	治療師的遊戲單元示範、討論
4	技巧介紹、父母練習同理式傾聽
5-6	與扮演孩子的治療師模擬遊戲單元、提供回饋
7-11	受督導的親子遊戲單元、討論
12	轉移到家庭遊戲單元的計畫
13	討論第一次家庭遊戲單元

| 14-17 | 討論家庭遊戲單元、技巧的類化 |
| 18-20 | 逐步結案過程（單元間隔時間拉長）、討論家庭單元、類化、結案 |

　　這個概要可以有幾種更改的方式，包括增加或減少直接督導的遊戲單元和家庭單元討論。一般來說單元總數在 15 到 25 次之間。

親子遊戲治療團體：
Guerney 的原創模式

　　L. F. Guerney 和 B. G. Guerney 原創的親子遊戲治療團體模式仍是施行這種絕佳介入的有效方式（詳細的內容請參考 L. F. Guerney & Ryan, 2013）。值得一提的是，有關親子遊戲治療有效性的長期研究也運用了這個模式（請參考「親子遊戲治療研究」那個章節）。這個模式納入了親子遊戲治療所有的必備特點。

　　親子遊戲治療團體的組成最多六或八位父母，可以對治療過程提供某些優點。雖然團體通常需要更久的時間，平均大概 6 到 9 個月（20 到 24 次單元），而且有時候在安排規劃上比較麻煩，但這樣可以增加父母之間的支持並且促進學習。增加的觀察學習及同儕互動這兩個面向對所有參與的人都有助益。再者，團體形式可以減少家庭的費用負擔。三或四位父母這種更小的團體也是用相同的方式進行，只不過時間通常會少一些。

　　遊戲室最好有單面鏡以及觀察小房間，治療師和父母可以從這裡彼此觀察遊戲單元的執行。另一種做法是團體在另一個房間裡面

利用無線攝影機／電腦連線做觀察。一群父母透過打開的門觀察遊戲單元並不恰當，因這樣可能會干擾孩子和遊戲。

在個別對家庭做過兒童及家庭評估之後，團體就可以組成。在確定推薦親子遊戲治療之後，治療師建議輕度到中度問題的家庭加入親子遊戲治療團體。嚴重或多重問題的家庭也許需要更個別化的關注，可能不適合參加親子遊戲治療團體。

即使家庭在背景資料或主述問題的異質性高，團體仍然可以運作得順利。教養的經驗有很多共同處，因此即使父母的具體擔心互有不同，這些父母通常都能夠彼此互動得很好。由於父母是要一起學習新的技巧，因此治療師在組成團體時就不用特別擔心他們之前的教育或職業背景。因為本質上是技巧訓練，親子遊戲治療有平等的效應。有些父母可以比其他人更快掌握技巧，他們就可以成為其他人額外的角色模範。儘管如此，治療師在團體的組成上可能要衡量人格或個性因素。

要執行團體型式，個別的親子遊戲治療過程需要幾處修正。在團體第一次會面時需要比較多的時間，好讓團體更加熟悉和自在。治療師要與團體討論保密的議題，並且協助父母一直保持這樣的承諾。

對於親子遊戲治療團體，訓練階段的內容和過程還是一樣。父母觀察治療師對每個家庭的孩子做遊戲示範，然後輪流練習技巧。他們彼此觀看模擬遊戲單元，並且傾聽治療師的回饋。在治療師回饋之後，團體就進入討論和問問題。不同的遊戲單元會帶出不同的議題，因此父母在團體訓練過程中通常會經歷到更廣泛的情境。親子遊戲治療團體的訓練階段通常持續 2 個月（L. F. Guerney & B. G. Guerney, 1987）。

　　親子遊戲治療團體每次會面 2 小時效果最好。一旦父母開始對
孩子執行遊戲單元，每次團體就可以觀察不同的兩位父母對自己的
孩子執行各半小時的遊戲單元，後面 1 小時則討論前面發生的情
況。如同對個別家庭所做的一樣，治療師提供回饋給執行遊戲單元
的父母，然後開放其他父母的討論。治療師邀請父母給評論或問問
題，同時謹慎引導互動，不要讓父母在遊戲室中批評彼此的表現。
治療師可以敦促父母記下遊戲單元的正向部分，但由治療師來提供
建設性的批評。

　　一旦家庭遊戲單元開始，治療師每週與團體會面一次，以便討
論每個人的家庭單元、教導教養技巧，以及幫助父母將技巧應用到
各種有問題的情境中。同樣地，治療師不要讓討論變成彼此給建
議，並且將焦點放在孩子的遊戲主題及技巧應用。

　　在 2 小時的團體會面中要有休息時間，這樣有助於維持團體的
興致，並且提供父母之間非正式的互動和支持。若在親子遊戲治療
單元期間能夠提供孩子的托育照顧，特別是有兩個或以上的孩子需
要出席受督導的現場遊戲單元時，就更有助於父母規律參加團體。
L. F. Guerney 和 Ryan（2013）所寫的完整手冊涵蓋了團體親子遊
戲治療所有你想得到的全部細節。

親子遊戲治療作為家庭本位的介入

　　有些機構提供外展服務給特殊狀況的家庭。郊區或是需要密集
介入的多重問題家庭可能會需要。親子遊戲治療可以很容易地改編
成到宅服務。

在這種情況下，親子遊戲治療師可以設計出一個巡迴遊戲箱，裡面放有在兒童中心遊戲治療室運用的玩具。他們與家庭找出一個遊戲區、準備好玩具，並且跟在真正的遊戲治療室一樣地執行遊戲單元。治療師選擇一個不會妨礙的位置來觀察遊戲單元，通常是房間的角落。舉例來說，若是在移動屋裡面，治療師可以坐在起居室裡觀察在廚房執行的遊戲單元。

當遊戲單元結束，治療師立即收拾好玩具，以避免孩子繼續受到玩具的引誘，然後隨即與父母會面討論單元過程。

家庭本位介入的最大困難之一是中途的干擾或是混亂的家庭生活型態。家庭本位親子遊戲治療師可以與父母討論如何將環境結構起來，並示範該如何做。舉例來說，治療師可以禮貌性地要求父母在說話或執行遊戲單元時將電視關掉。一般來說，親子遊戲治療作為家庭本位課程時並不需要太多修改，因為它本來就是設計成在家中運用。

 # 與其他介入一起運用親子遊戲治療

親子遊戲治療可以跟其他介入一起運用得很順利。舉例來說，若是有嚴重問題的孩子或家庭需要立即的緩解，可能會需要危機介入、行為治療或精神科諮詢。父母之間若不僅僅有教養上的議題，他們可能需要婚姻治療。有嚴重憂鬱的父母可能需要個別治療。針對如何混用不同介入或是如何有順序地運用它們，Ginsberg（1997,2003）已經提供了一個架構。

即使家庭有很多問題，治療師也必須避免同時讓他們接受太多

治療。將家庭的需要排定優先順序，有助於治療師將介入直指核心。在設定優先順序時家庭的意見很重要，但治療師的臨床知識也同樣重要。

若是其他介入與親子遊戲治療併用，治療師必須避免親子遊戲治療的兒童中心、能力本位的本質受到「汙染」。如果兒童中心與指導取向這兩種遊戲治療都運用在同一間遊戲室，孩子可能會感到困惑。在這種情況下，最好在不同的房間執行這兩種不同的介入，以便孩子清楚了解治療的不同結構、角色及規則。這樣的環境調整通常就已足夠，但假如孩子在不同的房間裡面仍然感到困惑的話，可能就需要由不同的治療師來執行不同的介入。假如真的只有一間治療室，治療師做些簡單的解釋就可以區分親子遊戲治療單元與其他指導式遊戲治療介入之間的差異：「美樂莉，今天一開始妳會跟爸爸共度特別的遊戲時間，結束之後我們會嘗試另外一個活動。」

在某些情況下，運用親子遊戲治療之前可能需要先做兒童中心遊戲治療，原因包括孩子的問題太嚴重、父母一開始無法參與，或是其他因素。在這些情況下，治療師在逐步結束他自己的非指導式遊戲單元時，會逐漸移轉到父母主導的單元。這樣做可以進一步賦能父母，也避免治療師重複提供父母正在提供的介入。進行移轉的時候，治療師在告知孩子的情況下邀請父母觀察一到兩次治療師執行的單元。在父母接受過訓練，並且準備好開始真正的單元時，治療師主導與父母主導的遊戲單元可以交叉輪流兩三回合，然後再由父母負責所有的非指導式遊戲單元。

一般來說，親子遊戲治療可以與其他治療併用，但治療師需要謹慎考慮每一種治療對其他治療的涵義。這樣的預先思考可以避免家庭對治療過程知覺到「互相衝突的訊息」。

親子遊戲治療作為預防方案

　　由於親子遊戲治療的設計是透過遊戲這種自然方式來強化家庭關係，因此它很容易被當成一種教育性的預防方案。透過增加彼此了解和互動的能力、透過一起度過有趣的時光，以及透過更完全地體會兒童及家庭發展的複雜性，沒有明顯問題的孩子和家庭也可以從親子遊戲治療當中獲益。若是父母能夠創造並維持開放溝通、彼此承諾和有趣的家庭氛圍，他們就可以事先預防問題的出現。

　　在運用親子遊戲治療作為預防方案時，治療師還是依照治療困擾孩子和家庭時所用的相同順序，亦即訓練、受督導的遊戲單元，以及家庭單元。遊戲主題也會在適應良好的孩子身上出現，而治療師要跟父母討論與孩子當時有關的議題或擔心。主題經常反映出發展特性，例如，技巧的掌握、家庭角色的了解、擔心同儕關係，以及自尊議題。透過遊戲可以對孩子的社交和情緒發展有新的了解，父母通常很喜歡這樣的結果。

　　若家庭是為了關係促進的目的而參與親子遊戲治療，所需的時間通常較短。修通遊戲主題所需的時間較少，而且父母也沒有太多的個人議題需要處理。Coufal 和 Brock（1983）以及 Landreth 和 Bratton（2006）各自運用根據親子遊戲治療而來的遊戲單元發展出 10 週的父母教育方案，很適合作為預防方案。

非常短期的親子遊戲治療型式

本書中原創建構、研究及報告的親子遊戲治療就已經是屬於短期介入。然而，有時候受限於時間及經費，介入必須短於 10 到 12 週。保留親子遊戲治療必備要素的非常短期個別及團體型式已經發展出來。Ginsberg（1997）與 VanFleet（2000, 2003b）已經描述了親子遊戲治療用於個別家庭的 10 週模式。*Casebook of Filial Therapy* 一書中詳細描述了親子遊戲治療的改編模式（VanFleet & L. F. Guerney, 2003）。

親子遊戲治療團體型式運用於寄養和收養家庭

VanFleet、Sniscak 和 Faa-Thompson（2013）運用 14 到 18 週的團體親子遊戲治療型式於寄養和收養家庭，並且聚焦在有嚴重創傷及依戀問題的兒童。這個方案保留了親子遊戲治療所有的必備特點，並且增添了一些元素來處理這些家庭經常出現的擾人議題。這個型式也可以加以改編，以處理面對嚴重困難的其他家庭。

這個團體方法一次單元 3 小時，並且在父母練習技巧及執行遊戲單元期間會運用兩位帶領者來提供足夠的督導及支持。團體會面接受教導並做討論，然後在實際演練時分成兩組。它提供有關創傷和依戀與孩子感覺和行為之間的關聯之類的額外訊息，同時幫助父

母了解可能在孩子身上出現的極端行為。通常會增加額外的模擬遊戲單元，以確保父母能夠面對強烈的遊戲主題以及對限制的強大挑戰。

這個方法可以當作寄養到領養過渡模式的一部分來運用，這個模式鼓勵在安置階段將親子遊戲治療協同運用在寄養父母身上，以及在領養過程的早期運用在領養父母身上（VanFleet, 2006c）。

12

其他源自親子遊戲治療或
受它啟發的方案及改編

　　本書所描述的親子遊戲治療很有彈性，可以運用於許多不同的
問題以及範圍很廣的情境和環境中。為了讓它最為有效並且得到持
續的家庭系統改變，必須盡可能保留親子遊戲治療最多的必備特點
（VanFleet, 2011c）。雖然如此，由於現今的經濟情勢再加上心理
衛生服務提供理念的改變，想要提供親子遊戲治療有時候就不得不
省略某些必備特點。有時候需要一些創意，而經費和時間的限制意
味著「必須割捨某些東西」。在更動像是親子遊戲治療這類強力家
庭介入時需要深思，同時考量到在對這個方法做基礎上的更動時所
面臨的利弊得失（VanFleet, 2011c）。這個章節提供幾個有關這類
方案的訊息及資源，有些讀者可能會覺得有用。

　　這些年來已經有數個其他的方案及型式被發展出來並獲得研
究。以下所描述的方案都省略了親子遊戲治療其中一項或更多的必
備特點，不過這些方案的目標與 Guerney 原創模式的完整家庭治療
目標有不同程度的差異，因此省略的那些特點可能與那些目標比較

沒有關聯。每個方案都源自親子遊戲治療或受到它的啟發，它們可以是對孩子和家庭很有助益的另類選擇。下個章節則介紹親子遊戲治療的其他改編參考，稱之為「親子遊戲治療應用於特殊族群」。

親子關係治療

　　Landreth 和 Bratton（2006）已經為根據親子遊戲治療而來的 10 週團體方案建立厚實的基礎。親子關係治療（Child-Parent Relationship Therapy, CPRT）這個型式帶有一種父母教育方案的味道，提供了一個可行的另類選擇。為了能夠減少單元次數，他們創出訓練父母的交替方式，減少了督導父母執行遊戲治療單元的次數，並且將遊戲單元限制為一位父母和一個孩子，而不是全部的孩子。他們將方法寫成手冊，進而產出許多正向效果的研究，使得它比其他父母教育模式佔有更多優勢。他們在整個遊戲的運用中都不斷強調技巧以及同理和接納的重要性，很能夠幫助父母發展有效的親職教養技巧。這個方法運用在許多不同主述議題的眾多研究，都已經顯示父母獲得明顯的幫助（請參考本書的研究章節，第 22-26 頁）。*Casebook of Filial Therapy*（VanFleet & L. F. Guerney, 2003）一書中有好幾章都提到 CPRT 方法。CPRT 方法的專業工作者正持續對親子遊戲治療的有效性增添更多的研究資料。

Pernet-Caplin 親子遊戲治療團體型式運用於弱勢家庭

　　Pernet 和 Caplin（進展中）在賓州費城的兒童危機治療中心發展 12 週團體親子遊戲治療方案，並已應用多年。他們的方案也用在紐奧良的卡崔納颶風受害者。兩位帶領者與整個團體會面並且上課，然後在較小的團體中提供直接督導。為了減少整體的次數，同時又要對父母的遊戲單元中提供足夠的現場觀察和回饋，Pernet 和 Caplin 將每次遊戲單元從原本的 30 分鐘減少到 10 分鐘（在家庭單元則增加到 30 分鐘）。這種時間上的調整在提供直接的父母技巧發展和支持，又要討論孩子遊戲主題的同時，讓遊戲單元還是足以適用於多重需要的家庭。

Wright-Walker 團體親子遊戲治療運用於啟蒙方案家庭

　　在 *Casebook of Filial Therapy* 一書中有詳細描述（Wright & Walker, 2003），這個型式運用兩位帶領者來帶領大約十位父母的團體。由於啟蒙方案（Head Start）的家庭通常有許多需要，因此這個方案提供交通接送、食物、製作玩具的材料，以及任何可以有助於父母參與的協助。在父母的要求之下，方案延伸至 13 週型式，而最後一次單元則進一步協助類化的過程。其中一種賦能的調

整做法是從前次親子遊戲治療團體中邀請一至兩位父母到新團體來示範遊戲單元。兩位帶領者與整個團體會面以提供訊息及討論，然後再分成兩個小組，每位帶領者督導一組做真實的技巧練習以及觀察真實的親子遊戲單元。在小組中對每位父母提供個別回饋。在最後一次單元中，團體一起觀看每位父母第一次和最後一次遊戲單元的錄影，然後慶祝父母的進步。

13 親子遊戲治療應用於特殊族群

親子遊戲治療已經被廣泛用來處理特殊族群的需要。*Casebook of Filial Therapy*（VanFleet & L. F. Guerney, 2003）一書中詳細描述了針對不同族群、情境及文化的許多改編做法。以下簡短介紹其中部分應用。

父母離婚的兒童

已經有許多文獻提到父母離婚的孩子在社交及情緒上的需要（Wallerstein & Blakeslee, 1989; Wallerstein & Kelly, 1980）。一旦父母處理好自己的情緒，而能夠關注到孩子的需要，親子遊戲治療就能有助於化解孩子的負面感受，以及重建親子之間的關係。取決於父母彼此合作的意願，親子遊戲治療可以由一位或兩位父母來執行。由於父母離婚的孩子可能對父母的重新和好懷有強力幻想，父

母雙方最好各自執行親子遊戲治療。若友善離婚的父母一起參與治療，孩子可能會誤以為遊戲單元有助於父母的重新和好。Bratton和 Crane（2003）已描述了針對單親父母的短期團體介入。

在學校有問題的兒童

學校的問題可能是社交、情緒、行為或家庭困難所造成的結果。持續的學業問題可能導致孩子自尊和自信的滑落。親子遊戲治療可以幫助孩子處理這些問題的情緒層面，並且幫助父母更有效地處理孩子的感受和行為。L. F. Guerney（1983b）已經描述了親子遊戲治療運用在學習障礙兒童的情況。有一個創新的方案結合了親子遊戲治療和阿德勒學派的原則，讓小學老師在特別的遊戲單元中幫助班上某些高風險學生（White, Draper, & Flynt, 2003）。另一個方案將親子遊戲治療融入補校課程裡面（Reynolds, 2003）。Carmen Baldus 和 Mark King 在密西根州創出了一個由親子遊戲治療啟發而來、針對小學老師的方案，其中包括了課堂和團體技巧運用的類化（個人意見）。很期待在將來可以看到這個方案的相關資料。

憂鬱的兒童

憂鬱的兒童有時候不願意或無法談論他們的問題，但他們會透過遊戲表達。親子遊戲治療可以幫助父母更敏感地察覺孩子的需

要，並且有助於找出並修正助長憂鬱的某些家庭問題。

 ## 被收養和寄養的兒童

　　被收養和寄養的兒童通常有許多方面的需要。他們的背景就已經讓他們感到脆弱，並且不信任成人。親子遊戲治療可以幫助這些孩子與他們的收養或寄養父母發展出依戀關係。它也提供孩子一個機會在支持、不評判的環境中修通他們的感覺。親子遊戲治療可能有助於穩定這些孩子的安置，同時給予他們一個健康關係的經驗或模式。Ginsberg（1989）以及 VanFleet（1994, 2003a）已經寫了親子遊戲治療在收養家庭的運用。其他人也描述了在大家庭照顧（Malon, 2003）、寄養照顧（Sweeney, 2003），以及家庭重新團聚（Lilly, 2003）的應用。VanFleet（2006c）描述了一個創新的寄養到收養過渡模式，特點是將親子遊戲治療運用於寄養和收養家庭；VanFleet、Sniscak 和 Faa-Thompson（2013）也詳細描述了一個針對寄養和收養家庭的 14 到 18 週團體方案。

 ## 患有慢性疾病的兒童

　　慢性疾病通常會限制孩子和家庭的某些生活，並且剝奪掉他們的控制感。親子遊戲治療在遊戲單元中提供孩子一種控制經驗，並且在父母可能感到無助的時候提供他們方法來改善家庭生活的品質（VanFleet, 1992, 2000, 2003b）。它也提供患童的手足一些支持，

因為父母可能忙著照顧患童而忽略他們。對於住院的兒童或是父母一方生病的家庭，親子遊戲治療也可以派得上用場。

 # 焦慮和有完美傾向的兒童

　　親子遊戲治療也可以應用於有各類焦慮問題的兒童。有明顯完美傾向的兒童經常會經驗到焦慮、害怕失敗，並且不敢冒險。在親子遊戲治療脈絡下運用遊戲，有助於這些孩子面對害怕和擔心，同時幫助父母了解助長焦慮的可能因素（VanFleet, 1997）。親子遊戲治療也會幫助焦慮的父母更加放鬆並顯現玩樂的一面。

 # 有排泄問題的兒童

　　許多遺尿和遺糞的個案有其情緒根源。假如已經排除生理原因，親子遊戲治療可以提供孩子一些機會透過遊戲來探索及表達感覺。它也可以幫助父母更了解孩子的內在衝突、以支持的方式做回應，以及用更可能產生正向效果的方式來運用教養技巧。親子遊戲治療可以輕易地與其他行為和醫療介入併用。

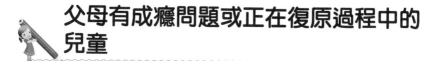

父母有成癮問題或正在復原過程中的兒童

　　與有成癮問題的父母一起生活經常會令人困惑。家庭動力經常扭曲，使得孩子處在一個脆弱的位置。親子遊戲治療可以由沒有成癮問題的父母或是已復原的父母來執行。剛開始或許還需要加上遊戲治療或其他介入來幫助孩子處理某些議題，但親子遊戲治療可以用在重建家庭內的破損關係。親子遊戲治療可以搭配 12 步驟復原方案（12-step recovery programs）。

患有注意力不足過動症的兒童

　　親子遊戲治療可以運用於患有注意力不足過動症（ADHD）的兒童，主要是處理自尊和關係問題。面對 ADHD 的家庭，通常會對孩子的行為感到挫折，因而演變出負面的親子關係。其他介入對具體的注意力問題也會有幫助，但親子遊戲治療可以有助於對孩子提供一個支持性的環境，也可以減少父母的挫折（Sniscak, 2003）。多數 ADHD 兒童對親子遊戲治療反應良好，但假如孩子很容易分心，遊戲場地可以小一點，玩具也可以放少一點。

受虐待或疏忽的兒童

受虐兒童經常在自我概念、情緒發展及人際關係方面出現問題。如果父母一方是施虐者，該父母在進入親子遊戲治療之前應該先接受其他類型的治療。在這種情況下，親子遊戲治療就不是用來處理源自虐待的臨床議題，而是幫助家庭重新整合（假如這是兒童保護機構的目標）。最優先的是可以幫助孩子表達及修通感覺的各種介入，包括遊戲治療。同樣地，父母剛開始需要接受個別和婚姻治療來處理他們的問題。在孩子和父母從先接受的介入獲益之後，才能夠運用親子遊戲治療。它可以用來幫助父母學習如何用正向的方式跟孩子遊戲和互動，並且教導父母如何有效地設定和實施限制，而不必虐待孩子。透過提供家庭成員彼此互動的新方式，親子遊戲治療從許多方面來說可以預防再一次的虐待發生。Lilly（2003）已經描述了親子遊戲治療用於家庭的重新團聚。假如孩子被帶離原生家庭中，親子遊戲治療可以運用在寄養家庭，如同前面所述。

 # 有依戀障礙的兒童

有依戀問題的兒童對父母、照顧者、個案管理員及治療師都會帶來特別的挑戰。依戀問題從許多不同的狀況中產生，包括與父母分離、創傷事件、焦慮教養風格、氣質和生理因素、缺乏身

體或情緒安全感、孩子生活環境不一致、施虐的照顧者、生活條件經常改變，或甚至是兒童保護系統所做的決定（Bernstein, 2001; James, 1994; VanFleet & Sniscak, 2003a）。健康的依戀提供家庭成員保護層，幫助他們度過困難的生活環境（Figley, 1989; Sroufe, 1983; Sroufe & Rutter, 1984）。健康依戀出現的方式（Ainsworth, 1982; Belsky & Nezworski, 1988; Bowlby, 1982; Brazelton & Cramer, 1990）可以幫助我們設計出有助於減輕依戀問題的介入方法。Ryan 認為非指導式遊戲治療重新創造出嬰兒期健康依戀的種種互動方式（Ryan, 2007; Ryan & Wilson, 1995）。親子遊戲治療已經成功地用來處理複雜的依戀問題，包括反應性依戀障礙症，不管是作為單一的治療或是作為多重治療當中的核心介入（Topham, VanFleet, & Sniscak, 2013; VanFleet, 2006c; VanFleet & Sniscak, 2003a; VanFleet, Sniscak, & Faa-Thompson, 2013）。

暴露於家庭暴力的兒童

當孩子目睹父母一方被暴力對待或被虐，他們通常會有強烈的反應。他們可能會感到無助、害怕，或是因為無法保護父母而有罪惡感。家庭暴力的衝擊對孩子來說就像是針對他的虐待一樣。遭受家庭暴力的父母有時候會擔心孩子將來變成加害者，而有些父母甚至會排斥讓他們聯想到加害者的那些孩子。這些家庭有許多需要，而親子遊戲治療可以幫助他們在療癒的過程中逐漸形成健康的連結。親子遊戲治療已被改編用在家庭暴力庇護中心及社區方案（Barabash, 2003; Ramos, 2003）。

患有對立反抗症的兒童

　　兒童的對立行為經常與親子階層的崩壞有關，這與教養議題有緊密關聯。對立行為有時候源自於孩子的焦慮、挫折及不安全感。親子遊戲治療提供方法讓孩子得以更適當地表達及修通他們的焦慮，也讓父母透過同理及堅定設限的運用來重拾權威。Sywulak（2003）描述了親子遊戲治療運用在這個族群的狀況。

 # 患有自閉症類群障礙症的兒童

　　親子遊戲治療對患有自閉症類群障礙症（Autism Spectrum Disorders, ASD）兒童的家庭提供幾種可能的助益（VanFleet, 2012b）。兒童中心遊戲單元為孩子提供獨特的溝通和表達形式。即使 ASD 孩子的遊戲有異於一般的孩子，他們還是會遊戲，而兒童中心遊戲單元可以提供他們不帶壓力的安全感和選擇權。他們不需要用口語表達，因為他們很容易透過遊戲做非口語的溝通。手足也可以從遊戲單元中獲益，特別是當他們自己的生活變得更加孤立，或是都耗在 ASD 患童身上。親子遊戲治療對這些家庭最大的價值或許是透過對父母的賦能，使得父母擁有一些新的方法來了解孩子並與孩子溝通。參加親子遊戲治療的 ASD 患童的父母經常會提到，當他們知道溝通管道可以用這種獨特的方式打開，真的是鬆了一大口氣。

軍人家庭

軍人家庭面臨的特殊壓力包括經常搬家以及軍隊布署時家人必須分離。軍隊布署和家人重聚都需要角色上的重大調整。在戰時或高度軍事警戒期間，家人就會相當擔心在外布署的親人，特別是萬一彼此的通訊被禁止或斷斷續續的時候。受傷或甚至死亡更是每個人不敢想像的事情，也是讓人難以面對的狀況。孩子在這種情況下就特別顯得脆弱，可能會透過內化、外化或創傷反應來呈現焦慮。在軍人家庭聚在一起或是因布署而分開時，親子遊戲治療都可加以運用。它有助於強化家庭關係，給予孩子擔心的出口，提供父母必要的工具來滿足孩子的情緒需求，並且在艱難期間提供父母實質的支持。親子遊戲治療也有助於家庭發展出彈性來面對不斷變動的環境。

初期應變人員的孩子

孩子的父母若是初期應變人員（例如，執法人員、消防員，以及其他救難人員），他們有時候會因父母獨特的工作性質而感到焦慮。每一次父母被呼叫出門，尤其是在半夜的時候，孩子就會擔心父母遭遇危險的情境。他們可能每天在父母外出工作的時候都會擔心父母的安危。若工作的場所經常要面對複雜的人群或是人性的黑暗面，有時候父母就很難從工作的世界轉移到家庭生活。為了要在

工作角色中發揮功用，這些父母有時候必須「關掉」情感層面。親子遊戲治療已經被用來幫助初期應變人員的家庭維持彼此的情感連結、減輕孩子對父母工作和安全的害怕，以及提供一個情緒上安全的環境，讓家庭成員可以樂在其中。

經歷創傷事件的家庭

　　親子遊戲治療可以幫助經歷各類創傷事件的家庭，包括車禍、火災、天然災難、暴力、戰爭、恐怖攻擊、校園威脅或槍擊、種族歧視或種族滅絕，以及工業災害。研究證實家庭凝聚力可以減輕創傷對孩子的衝擊（Figley, 1989; Garbarino et al., 1992; Garbarino, Kostelny, & Dubrow, 1991）。即使創傷事件只發生在一位家庭成員身上，總是會對整個家庭造成影響（Figley, 1989）。親子遊戲治療幫助孩子面對自己的反應，在艱難時刻支持父母，並且在他們面對創傷後續效應及努力向前走的時候提供家庭成員新的互動方式。親子遊戲治療曾經成功地幫助許多類型的家庭，包括經歷過諸多類型天然災難的家庭、直接或間接被 911 攻擊事件或其他暴力事件影響的家庭、居住在戰區的家庭，以及經歷過各類創傷失落的家庭，例如，車禍死亡或謀殺（Mochi & VanFleet, 2009; VanFleet & Mochi, in press; VanFleet & Sniscak, 2003b）。

14

親子遊戲治療的
多元文化應用

　　親子遊戲治療已經被用在世界上許多文化種族的家庭中。雖然要適應文化信念和實際情況需要有一些調整，整體說來親子遊戲治療還頗適合多元文化的應用（例如，請參見 VanFleet & L. F. Guerney, 2003）。親子遊戲治療的價值與許多文化相吻合，而多數的文化認為家庭系統是很寶貴的東西。本書作者所出版的親子遊戲治療書籍、手冊、DVD 及其他出版品已經應用於全世界超過 75 個國家，其中有些出版品已經被翻譯成幾種不同語言的文字。有幾個因素可以解釋親子遊戲治療的多元文化應用。

　　首先，兒童的遊戲有普同性。只要有機會，兒童就會遊戲，而且他們是遊戲於他們所生活的文化環境中。親子遊戲治療所運用的非指導式遊戲治療方法容許孩子在他們自己的文化脈絡下玩出自己的內在擔心。

　　第二，當治療師與自己文化背景有所差異的兒童一起遊戲，他們很有可能會錯誤詮釋孩子的遊戲，即使他們已經盡量保持文化的

敏感度。在親子遊戲治療中，父母在了解孩子的遊戲主題方面扮演大部分的角色，因此減少在文化上錯誤詮釋的機會。親子遊戲治療強調遊戲主題的脈絡性了解，並有賴於父母對自己孩子的了解，因而創造出一種獨特的合作環境。

　　第三，在親子遊戲治療中尊重家庭是相當重要的一點。親子遊戲治療師試著與父母發展開放、同理及真誠的關係，也鼓勵父母即使不同意治療師的意見也能自由地談出來。再者，假如父母真的不同意治療師，治療師仍同理地傾聽他們，這就會進一步促進更多的信任及誠實的溝通。當治療師與個案有文化上的差異，治療師可以邀請父母教育治療師有關文化習慣、信念、象徵、詮釋等事項。這種互動風格適用於接受親子遊戲治療的所有父母，但它有助於對種族文化有更多的了解。這種關係本位的文化敏感度可以帶來父母與治療師之間真正的夥伴關係，而其共同目標就是幫助孩子（VanFleet, 2004）。

15 發展親子遊戲治療的能力

　　親子遊戲治療看似一個簡單的介入，但其實不是。家庭治療絕非易事，而要從事親子遊戲治療則需要對家庭治療、遊戲治療、行為治療、認知治療、兒童中心治療有相當的了解，也要有兒童發展、依戀理論和家庭發展方面的知識。它也需要有敏感的人際技巧，特別是同理能力。所有的這些最後整合到親子遊戲治療這個獨特的工作模式當中。

　　要掌握親子遊戲治療不能光靠閱讀一本書或是看 DVD。這些材料提供很棒的簡介，但要能有效且合乎倫理地執行親子遊戲治療，治療師必須接受完整的訓練，並且在對個案家庭實施治療期間接受回饋。即使是有經驗的治療師也是一樣，因為親子遊戲治療相當不同於其他介入型式，而且有些治療實務的細密處無法透過文字來傳達。即便如此，許多在親子遊戲治療已臻熟練的臨床工作者都認為這條路走得很值得。看到父母和孩子獲得的收穫以及他們所分享的溫暖和親密，就會覺得很有回報。

親子遊戲治療
透過遊戲增進親子關係

　　親子遊戲治療要做得好，首先必須有能力執行兒童中心遊戲治療。接下來應該去參加深度教導親子遊戲治療技巧的課程或工作坊。最好的訓練方式就是參加者要有機會練習親子遊戲治療每個主要階段的技巧和方法。比較理想的訓練課程是，教導專業人員所使用的訓練原則和方法，要與教導父母的方式相同。專業人員在督導之下做過幾個家庭之後，進階的訓練課程可以幫助他們精練技巧。

　　家庭促進與遊戲治療中心（Family Enhancement & Play Therapy Center）提供一套親子遊戲治療證書，經過訓練驗證之後就能取得，包括親子遊戲治療師證書、親子遊戲治療督導證書，以及親子遊戲治療訓練師證書。

　　在美國及其他國家有關兒童中心遊戲治療、親子遊戲治療及其他訓練課程的相關訊息，可以參考下面資訊。

Risë VanFleet, Ph. D., RPT-S, CDBC

Family Enhancement & Play Therapy Center, Inc.

PO Box 613, Boiling Springs, PA 17007 USA

Phone: 717-249-4707

Website: www.risevanfleet.com

Emails: rise@risevanfleet.com

　　　　or

　　　　risevanfleet@aol.com

總結

　　親子遊戲治療是一種可以廣泛應用的介入，適合用來處理兒童因各種原因而產生的社交、情緒及行為問題。它運用的是一種心理教育介入模式，所根據的是兒童中心、動力、行為、認知、人際、發展及家庭系統的原則。

　　在親子遊戲治療中，專業人員教導、督導並賦能父母去對孩子執行兒童中心遊戲單元。這個方法處理了臨床議題，同時也強化親子之間的關係。親子遊戲治療適用於經歷重要問題的家庭，也適合單純想要改善關係的家庭。它是一個很有彈性的方法，治療師可以加以修改以符合特定家庭或孩子的需要。親子遊戲治療的額外好處是，孩子、父母和治療師都可以樂在其中。

　　50 年來的研究和臨床經驗已經一致顯示親子遊戲治療的價值和效果。這個方法的強大效果已經促使許多國家迅速地對親子遊戲治療產生興趣。活躍的宣傳、訓練及研究方案正在全世界幫助專業人員運用親子遊戲治療來預防或解決孩子的問題、增加父母的能力和信心，以及強化家庭的力量。

親子遊戲治療
透過遊戲增進親子關係

參考文獻

Ainsworth, M. D. S. (1982). Attachment: Retrospect and prospect. In C. M. Parkes & J. Stevenson-Hinde (Eds.), *The Place of Attachment in Human Behavior*. New York: Basic Books.

Andronico, M. P., Fidler, J., Guerney, B. G., Jr., & Guerney, L. F. (1967). The combination of didactic and dynamic elements in filial therapy. *International Journal of Group Psychotherapy, 17,* 10-17.

Andronico, M. P., Fidler, J., Guerney, B. G., Jr., & Guerney, L. F. (1969). The combination of didactic and dynamic elements in filial therapy. In B. G. Guerney, Jr. (Ed.), *Psychotherapeutic Agents: New Roles for Nonprofessionals, Parents, and Teachers* (pp. 371-377). New York: Holt, Rinehart & Winston.

Andronico, M. P., & Guerney, B. G., Jr. (1969). A psychotherapeutic aide in a Head Start program. *Children, 16*(1), 14-22.

Axline, V. M. (1947). *Play Therapy.* Cambridge, MA: Houghton-Mifflin.

Axline, V. M. (1969). *Play Therapy* (rev. ed.). New York: Ballantine Books.

Barabash, K. J. (2003). *Developmental Filial Therapy: Process-Outcome Research on Strengthening Parent-Child Relationships through Play in a Setting for Victims of Domestic Violence.* Unpublished doctoral dissertation, University of Victoria, Victoria, British Columbia.

Belsky, J., & Nezworski, T. (Eds.). (1988). *Clinical Implications of Attachment.* Hillsdale, NJ: Lawrence Erlbaum Associates.

Bernstein, N. (2001). *The Lost Children of Wilder: The Epic Struggle to Change Foster Care.* New York: Pantheon Books.

Bifulco, A., & Thomas, G. (2012). *Understanding Adult Attachment in Family Relationships: Research, Assessment and Intervention.* London, England: Routledge.

Bowlby, J. (1982). *Attachment* (2nd ed.). New York: Basic Books.

Bratton, S. C., & Crane, J. M. (2003). Filial/family play therapy with single parents. In R. VanFleet & L. F. Guerney (Eds.), *Casebook of Filial Therapy* (pp. 139-162). Boiling Springs, PA: Play Therapy Press.

Bratton, S. C., & Landreth, G. (1995). Filial therapy with single parents: Effects on parental acceptance, empathy, and stress. *International Journal of Play Therapy, 4*(1), 61-80.

Bratton, S. C., Ray, D., Rhine, T., & Jones, L. (2005). The efficacy of play therapy with children: A meta-analytic review of treatment outcomes. *Professional Psychology: Research and Practice, 36*(4), 376-390.

Brazelton, T. B., & Cramer, B. G. (1990). *The Earliest Relationship: Parents, Infants, and the Drama of Early Attachment.* Cambridge, MA: Perseus Books.

Bronfenbrenner, U. (1979). *The Ecology of Human Development.* Cambridge, MA: Harvard University Press.

Cavedo, C., & Guerney, B.G. (1999). Relationship Enhancement (RE) enrichment/problem-prevention programs: Therapy-derived, powerful, versatile. In R. Berger & M.T. Hannah (Eds.), *Handbook of Preventive Approaches in Couples Therapy* (pp. 73-105). New York: Brunner/Mazel.

Chau, I., & Landreth, G. (1997). Filial therapy with Chinese parents: Effects on parental empathic interactions, parental acceptance of child and parental stress. *International Journal of Play Therapy, 6*(2), 75-92.

Costas, M., & Landreth, G. (1999). Filial therapy with non-offending parents of children who have been sexually abused. *International Journal of Play Therapy, 8*(1), 43-66.

Coufal, J. D., & Brock, G. W. (1983). *Parent-Child Relationship Enhancement: A 10-Week Education Program.* Menomonie, WI: Coufal & Brock.

Figley, C. R. (1989). *Helping Traumatized Families.* San Francisco, CA: Jossey-Bass.

Garbarino, J., Dubrow, N., Kostelny, K., & Pardo, C. (1992). *Children in Danger: Coping With the Consequences of Community Violence.* San Francisco, CA: Jossey-Bass.

Garbarino, J., Kostelny, K., & Dubrow, N. (1991). What children can tell us about living in danger. *American Psychologist, 46*(4), 376-383.

Ginsberg, B. G. (1989). Training parents as therapeutic agents with foster/adoptive children using the filial approach. In C. E. Schaefer & J. M. Briesmeister (Eds.), *Handbook of Parent Training* (pp. 442-478). New York: John Wiley & Sons.

Ginsberg, B. G. (1997). *Relationship Enhancement Family Therapy.* New York: John Wiley & Sons.

Ginsberg, B. G. (2003). An integrated holistic model of child-centered family therapy. In R. VanFleet & L. F. Guerney (Eds.), *Casebook of Filial Therapy* (pp. 21-47). Boiling Springs, PA: Play Therapy Press.

Gitlin-Weiner, K., Sandgrund, A., & Schaefer, C.E. (2000). *Play Diagnosis and Assessment.* Hoboken, NJ: John Wiley & Sons.

Glazer-Waldman, H. R. (1991). *Filial Therapy: CPR Training for Families With Chronically Ill Children.* Unpublished master's thesis, University of North Texas, Denton.

Glover, G., & Landreth, G. (2000). Filial therapy with Native Americans. *International Journal of Play Therapy, 9*(1), 57-80.

Grskovic, J. A., & Goetze, H. (2008). Short-term filial therapy with German mothers: Findings from a controlled study. *International Journal of Play Therapy, 17*(1), 39-51.

Guerney, B. G., Jr. (1964). Filial therapy: Description and rationale. *Journal of Consulting Psychology, 28,* 303-310.

Guerney, B. G., Jr., & Stover, L. (1971). *Filial Therapy: Final Report on MH 1826401.* Unpublished manuscript, The Pennsylvania State University, University Park, PA.

Guerney, L. F. (1975). *Follow-Up Study on Filial Therapy.* Paper presented at the annual convention of the Eastern Psychological Association, New York.

Guerney, L. F. (1976a). Filial therapy program. In D. H. Olson (Ed.), *Treating Relationships* (pp. 67-91). Lake Mills, IA: Graphic

Publishing.

Guerney, L. F. (1976b). Training manual for parents: Instruction in filial therapy. In C. E. Schaefer (Ed.), *Therapeutic Use of Child's Play* (pp. 216-227). New York: Jason Aronson.

Guerney, L. F. (1983a). Introduction to filial therapy: Training parents as therapists. In P. A. Keller & L. G. Ritt (Eds.), *Innovations in Clinical Practice: A Source Book* (Vol. 2, pp. 26-39). Sarasota, FL: Professional Resource Exchange.

Guerney, L. F. (1983b). Play therapy with learning disabled children. In C. E. Schaefer & K. J. O'Connor (Eds.), *Handbook of Play Therapy* (pp. 419-435). New York: John Wiley & Sons.

Guerney, L. F. (1987). *A Clinician's and Group Leader's Manual for Parenting: A Skills Training Program.* North Bethesda, MD: IDEALS.

Guerney, L. F. (1991). Parents as partners in treating behavior problems in early childhood settings. *Topics in Early Childhood Special Education, 11*(2), 74-90.

Guerney, L. F. (1995). *Parenting: A Skills Training Manual* (5th ed.). North Bethesda, MD: IDEALS.

Guerney, L. F. (1997). Filial therapy. In K. O'Connor & L. Braverman (Eds.), *Play Therapy: Theory and Practice* (pp. 131-159). New York: John Wiley & Sons.

Guerney, L. F. (2000). Filial therapy into the 21st century. *International Journal of Play Therapy, 9*(2), 1-17.

Guerney, L. F. (2003a). The history, principles, and empirical basis of filial therapy. In R. VanFleet & L. F. Guerney (Eds.), *Casebook of Filial Therapy* (pp. 1-19). Boiling Springs, PA: Play Therapy Press.

Guerney, L. F. (2003b). Filial play therapy. In C. Schaefer (Ed.), *Foundations of Play Therapy* (pp. 99-142). Hoboken, NJ: John Wiley & Sons.

Guerney, L. F. (no date). *Family Play Observations.* Unpublished paper, State College, PA.

Guerney, L. F., & Guerney, B. G., Jr. (1987). Integrating child and family therapy. *Psychotherapy, 24,* 609-614.

Guerney, L. F., & Ryan, V. M. (2013). *Group Filial Therapy: A Complete Guide to Teaching Parents to Play Therapeutically With Their Children.* London, England: Jessica Kingsley.

Harris, Z., & Landreth, G. (1995). Filial therapy with incarcerated mothers: A five week model. *International Journal of Play Therapy, 6*(2), 53-73.

Hutton, D. (2004). Filial therapy: Shifting the balance. *Clinical Child Psychology and Psychiatry, 9*(2), 261-270.

James, B. (1994). *Handbook for Treatment of Attachment-Trauma Problems in Children.* New York: The Free Press.

Jang, M. (2000). Effectiveness of filial therapy for Korean parents. *International Journal of Play Therapy, 9*(2), 39-55.

Johnson-Clark, K. (1996). The effect of filial therapy on child conduct behavior problems and the quality of the parent-child relationship. *Dissertation Abstracts International, 57*(4), 2868B.

Kale, A., & Landreth, G. (1999). Filial therapy with parents of children experiencing learning difficulties. *International Journal of Play Therapy, 8*(2), 35-56.

Landreth, G. L., & Bratton, S. C. (2006). *Child Parent Relationship Therapy (CPRT).* New York, NY: Routledge.

Landreth, G. L., & Lobaugh, A. (1998). Filial therapy with incarcerated fathers: Effects on parental acceptance of child, parental stress, and child adjustment. *Journal of Counseling and Development, 76,* 157-165.

Lee, M. (2003). Filial therapy with immigrant Korean parents in the United States. (Doctoral dissertation, University of North Texas, 2002). *Dissertation Abstracts International, A 63*(09), 3115.

Lilly, J. P. (2003). Filial therapy to facilitate family reunification. In R. VanFleet & L. F. Guerney (Eds.), *Casebook of Filial Therapy* (pp. 185-208). Boiling Springs, PA: Play Therapy Press.

Malon, S. (2003). The efficacy of filial therapy with kinship care. In R. VanFleet & L. F. Guerney (Eds.), *Casebook of Filial Therapy* (pp. 209-234). Boiling Springs, PA: Play Therapy Press.

Mochi, C., & VanFleet, R. (2009). Roles play therapists play: Post-disaster engagement and empowerment of survivors. *Play Therapy, 4*(4), 16-18.

Oxman, L. (1972). The effectiveness of filial therapy: A controlled study. (Doctoral dissertation, Rutgers University, New Brunswick, NJ, 1971). *Dissertation Abstracts International, 32,* 6656.

Pernet, K., & Caplin, W. (in progress). *Short-Term Group Filial Therapy for Disadvantaged Families.* Oakland, CA: Growth Through Play Therapy Training Associates..

Perry, B. D., & Szalavitz, M. (2010). *Born for Love: Why Empathy is Essential--and Endangered.* New York: HarperCollins.

Ramos, A. M. M. (2003). Filial therapy after domestic violence. In R. VanFleet & L. F. Guerney (Eds.), *Casebook of Filial Therapy* (pp. 171-183). Boiling Springs, PA: Play Therapy Press.

Reynolds, C. A. (2003). Filial therapy with parents earning GEDs. In R. VanFeet & L. F. Guerney (Eds.), *Casebook of Filial Therapy* (pp. 351-359). Boiling Springs, PA: Play Therapy Press.

Ryan, V. (2004). Adapting non-directive play therapy for children with attachment disorders. *Clinical Child Psychology and Psychiatry, 9*(1), 75-87.

Ryan, V. (2007). Filial Therapy: Helping children and new carers to form secure attachment relationships. *British Journal of Social Work, 37*(4), 643-657.

Ryan, V., & Wilson, K. (1995). Non-directive play therapy as a means of recreating optimal infant socialization patterns. *Early Development and Parenting, 4*(1), 29-38.

Sensue, M. E. (1981). *Filial Therapy Follow-Up Study: Effects on Parental Acceptance and Child Adjustment.* Unpublished doctoral dissertation, The Pennsylvania State University, University Park, PA.

Smith, N. R. (2000). *A Comparative Analysis of Intensive Filial Therapy With Intensive Individual Play Therapy and Intensive Sibling Group Play Therapy With Child Witnesses of Domestic Violence.* Unpublished doctoral dissertation, University of North Texas, Denton.

Sniscak, C. C. (2003). Filial therapy with children with attention deficit hyperactivity disorder. In R. VanFleet & L. F. Guerney (Eds.), *Casebook of Filial Therapy* (pp. 85-111). Boiling Springs, PA:

Play Therapy Press.

Sroufe, L. A. (1983). Infant-caregiver attachment and patterns of adaptation in the preschool: The roots of competence and maladaptation. In M. Perlmutter (Ed.), *Minnesota Symposia in Child Psychology* (Vol. 16, pp. 41-83). Hillsdale, NJ: Lawrence Erlbaum Associates.

Sroufe, L. A., & Rutter, M. (1984). The domain of developmental psychopathology. *Child Development, 55,* 17-29.

Stinnett, N., & DeFrain, J. (1985). *Secrets of Strong Families.* New York: Berkley Books.

Stover, L., & Guerney, B. G., Jr. (1967). The efficacy of training procedures for mothers in filial therapy. *Psychotherapy, 4,* 110-115.

Sullivan, H. S. (1947). *Conceptions of Modern Psychiatry.* Washington, D.C.: The William Alanson White Psychiatric Foundation.

Sweeney, D. S. (2003). Filial therapy in foster care. In R. VanFleet & L. F. Guerney (Eds.), *Casebook of Filial Therapy* (pp. 235-257). Boiling Springs, PA: Play Therapy Press.

Sywulak, A. E. (1977). *The Effect of Filial Therapy on Parental Acceptance and Child Adjustment.* Unpublished doctoral dissertation, The Pennsylvania State University, University Park, PA.

Sywulak, A. E. (2003). If the child is boss, the boss needs to be fired: Filial therapy for children with ODD. In R. VanFleet & L. F. Guerney (Eds.), *Casebook of Filial Therapy* (pp. 49-64). Boiling Springs, PA: Play Therapy Press.

Tew, K. (1997). The efficacy of filial therapy with families with chronically ill children. *Dissertation Abstracts International, 58*(3), 754A.

Topham, G. L., & VanFleet, R. (2011). Filial Therapy: A structured and straightforward approach to including young children in family therapy. *Australian and New Zealand Journal of Family Therapy, 32*(2), 144-158.

Topham, G. L., VanFleet, R., & Sniscak, C. C. (2013). Overcoming complex trauma with Filial Therapy. In C. Malchiodi and D.A. Crenshaw (Eds.), *Play and Creative Arts Therapy for Attachment Trauma.* New York: Guilford.

Topham, G. L., Wampler, K. S., Titus, G., & Rolling, E. (2011). Predicting parent and child outcomes of a filial therapy program. *International Journal of Play Therapy, 20*(2), 79-93.

VanFleet, R. (1992). Using filial therapy to strengthen families with chronically ill children. In L. VandeCreek, S. Knapp, & T. L. Jackson (Eds.), *Innovations in Clinical Practice: A Source Book* (Vol. 11, pp. 87-97). Sarasota, FL: Professional Resource Press.

VanFleet, R. (1994). Filial therapy for adoptive children and parents. In K. J. O'Connor & C. E. Schaefer (Eds.), *Handbook of Play Therapy (Vol. 2): Advances and Innovations* (pp. 371-385). New York: John Wiley & Sons.

VanFleet, R. (1997). Play and perfectionism: Putting fun back into families. In H. G. Kaduson, D. Cangelosi, & C. Schaefer (Eds.), *The Playing Cure* (pp. 61-82). Northvale, NJ: Jason Aronson.

VanFleet, R. (1999). *An Introduction to Filial Play Therapy: Video Workshop Manual.* Boiling Springs, PA: Play Therapy Press.

VanFleet, R. (2000). Short-term play therapy for families with chronic illness. In H. G. Kaduson & C. E. Schaefer (Eds.), *Short-Term Play Therapy for Children* (pp. 175-193). New York: Guilford.

VanFleet, R. (2003a). Filial therapy for adoptive children and parents. In R. VanFleet & L. F. Guerney (Eds.), *Casebook of Filial Therapy* (pp. 259-278). Boiling Springs, PA: Play Therapy Press.

VanFleet, R. (2003b). Short-term filial therapy for families with chronic illness. In R. VanFleet & L. F. Guerney (Eds.), *Casebook of Filial Therapy* (pp. 65-83). Boiling Springs, PA: Play Therapy Press.

VanFleet, R. (2004). *Filial Therapy Instructor Manual.* Boiling Springs, PA: Play Therapy Press.

VanFleet, R. (2006a). *Child-Centered Play Therapy* [DVD]. Boiling Springs, PA: Play Therapy Press.

VanFleet, R. (2006b). *Introduction to Filial Therapy* [DVD]. Boiling Springs, PA: Play Therapy Press.

VanFleet, R. (2006c). Short-term play therapy with adoptive families: Facilitating adjustment and attachment with Filial Therapy. In H.G. Kaduson and C.E. Schaefer (Eds.), *Short-Term Play Therapy for Children* (2nd ed., pp. 145-168). New York: Guilford.

VanFleet, R. (2007). *Overcoming Resistance: Engaging Parents in Play Therapy* [DVD]. Boiling Springs, PA: Play Therapy Press.

VanFleet, R. (2008). *Filial Play Therapy* [DVD] (part of Jon Carlson's DVD series on children and adolescents). Washington, D.C.: American Psychological Association.

VanFleet, R. (2009a). Filial Therapy. In K.J. O'Connor & L.D. Braverman (Eds.), *Play Therapy Theory and Practice: Comparing Theories and Techniques* (2nd ed., pp. 163-201). Hoboken, NJ: John Wiley & Sons.

VanFleet, R. (2009b). Filial Therapy: Theoretical integration, empirical validation, and practical application. In A.A. Drewes (Ed.), *Blending Play Therapy with Cognitive Behavioral Therapy* (pp. 257-279). Hoboken, NJ: John Wiley & Sons.

VanFleet, R. (2011a). Filial Therapy: What every play therapist should know (Part One). *Play Therapy: Magazine of the British Association of Play Therapists, Spring, 65,* 16-19.

VanFleet, R. (2011b). Filial Therapy: What every play therapist should know (Part Two). *Play Therapy: Magazine of the British Association of Play Therapists, Summer, 66,* 7-10.

VanFleet, R. (2011c). Filial Therapy: What every play therapist should know (Part Three). *Play Therapy: Magazine of the British Association of Play Therapists, Fall, 67,* 18-21.

VanFleet, R. (2012a). *A Parent's Handbook of Filial Therapy* (2nd ed.). Boiling Springs, PA: Play Therapy Press.

VanFleet, R. (2012b). Communication and connection: Filial Therapy with families of children with ASD. In L. Gallo-Lopez and L.C. Rubin (Eds.), *Play-Based Interventions for Children and Adolescents with Autism Spectrum Disorders* (pp. 193-208). New York: Routledge.

VanFleet, R., & Guerney, L. F. (2003). *Casebook of Filial Therapy.* Boiling Springs, PA: Play Therapy Press.

VanFleet, R., & Mochi, C. (in press). *Empowering Disaster Survivors: Application of Clinical and Community Psychology Principles and Methods for Children, Adults, Families, and Communites in a Post-Disaster Environment.* Sarasota, FL: Professional Resource Press.

VanFleet, R., Ryan, S. D., & Smith, S. (2005). A critical review of filial therapy interventions. In L. Reddy & C. E. Schaefer (Eds.), *Empirically-Based Play Interventions for Children.* Washington, D.C.: American Psychological Association.

VanFleet, R., & Sniscak, C. C. (2003a). Filial therapy for attachment-disrupted and disordered children. In R. VanFleet & L. F. Guerney (Eds.), *Casebook of Filial Therapy* (pp. 279-308). Boiling Springs, PA: Play Therapy Press.

VanFleet, R., & Sniscak, C. C. (2003b). Filial therapy for children exposed to traumatic events. In R. VanFleet & L. F. Guerney (Eds.), *Casebook of Filial Therapy* (pp. 113-137). Boiling Springs, PA: Play Therapy Press.

VanFleet, R., Sniscak, C.C., & Faa-Thompson, T. (2013). *Filial Therapy Groups for Foster and Adoptive Parents: Building Attachment in a 14 to 18 Week Family Program.* Boiling Springs, PA: Play Therapy Press.

VanFleet, R., Sywulak, A. E., & Sniscak, C. C. (2010). *Child-Centered Play Therapy.* New York: Guilford.

VanFleet, R., & Topham, G. (2011). Filial Therapy for maltreated and neglected children: Integration of family therapy and play therapy. In A. Drewes, S.C. Bratton, & C.E. Schaefer (Eds.), *Integrative Play Therapy* (pp. 153-175). Hoboken, NJ: John Wiley & Sons.

Wallerstein, J. S., & Blakeslee, S. (1989). *Second Chances: Men, Women & Children a Decade After Divorce.* New York: Ticknor & Fields.

Wallerstein, J. S., & Kelly, J. B. (1980). *Surviving the Breakup: How Children and Parents Cope With Divorce.* New York: Basic Books.

White, J., Draper, K., & Flynt, M. (2003). Kinder training: A school counselor and teacher consultation model integrating filial therapy and Adlerian theory. In R. VanFleet & L. F. Guerney (Eds.), *Casebook of Filial Therapy* (pp. 331-350). Boiling Springs, PA: Play Therapy Press.

Wright, C., & Walker, J. (2003). Using filial therapy with Head Start families. In R. VanFleet & L. F. Guerney (Eds.), *Casebook of Filial Therapy* (pp. 309-329). Boiling Springs, PA: Play Therapy Press.

國家圖書館出版品預行編目（CIP）資料

親子遊戲治療：透過遊戲增進親子關係 / Risë VanFleet 著；陳信昭，
　陳碧玲譯. -- 初版. -- 新北市：心理，2015.09
　　面；　公分. --（心理治療系列；22152）
　譯自：Filial therapy: strengthening parent-child relationships through
play, 3rd ed.
　ISBN 978-986-191-684-2（平裝）

　1.遊戲治療　2.親子關係

178.8　　　　　　　　　　　　　　　　　　　　　　　104016909

心理治療系列 22152

親子遊戲治療：透過遊戲增進親子關係

作　　者：Risë VanFleet
校 閱 者：陳信昭
譯　　者：陳信昭、陳碧玲
執行編輯：陳文玲
總 編 輯：林敬堯
發 行 人：洪有義
出 版 者：心理出版社股份有限公司
地　　址：231 新北市新店區光明街 288 號 7 樓
電　　話：(02) 29150566
傳　　真：(02) 29152928
郵撥帳號：19293172　心理出版社股份有限公司
網　　址：http://www.psy.com.tw
電子信箱：psychoco@ms15.hinet.net
排 版 者：鄭珮瑩
印 刷 者：翔盛印刷有限公司
初版一刷：2015 年 9 月
初版三刷：2020 年 12 月
I S B N：978-986-191-684-2
定　　價：新台幣 180 元